Inhalt

Die Tiere in diesem Buch sind nach ihren Verwandtschaftsverhältnissen geordnet. Vergleiche die Bilder und finde die richtige Art.

Vor den hinteren Klappen findest du Heuschrecken, Ohrwürmer, Silberfischchen, Spinnen, Asseln und Tausendfüßer.

Bärbel Oftring

Was KRABBELT denn da?

INSEKTEN · SPINNEN
TAUSENDFÜSSER · ASSELN

KOSMOS

Impressum

Mit Illustrationen von: Marianne Golte-Bechtle/Kosmos (44): S. 11 o., 12, 13, 14, 16 r.u., 19, 24, 25, 32, 35, 39, 40, 43, 44, 45, 50, 54, 55, 56, 58 u., 59, 60, 63, 64, 65, 67 r., 68, 69, 76, 81 u., 82, 83 l., 84 o., 85, 86, 87, 89; Esther von Hacht (3): S. 33, 42 o.r., 78 l.; Kosmos/Archiv (2): S. 30, 48; Andrea Köhrsen (4): S. 8, 95, 100, 101; Gerhard Schmid (10): S. 18, 27, 53, 59 o.r., 81 l., u., 97, 104, 105; Jolie Sodré (1): S. 72; Steffen Walentowitz (46): S. 10, 15, 16, 17, 20, 21, 22, 23, 26, 28, 29, 31, 34, 35 u.l., u.r., 36, 37, 38, 42 m., 49, 51, 52, 57, 58 l., 61, 66, 67 l., 70, 73, 74, 75, 77, 78 r., 79, 97 r., 81 r., 83 r., 91; Jürgen Willbarth (19): S. 11 u., 35 u., 41, 45 r., 46, 47, 56 r., 59 l., 58 r., 62, 71, 80, 84 u., 88, 90

Mit Farbfotos von:
Adobe Stock.com: contrastwerkstatt (1): S. 96 l.; Floriana (1): S. 41; fox111184 (1): S. 51; eil78 (1): S. 71; Sandra Hanslicek (1): S. 66; Vitalii Hulai (1): S. 30; jnakev (1): S. 48; Martin Kreutz (1): S. 107 u; Stefan Lipke (1): S. 107 m.r.; PeJo (1): S. 15 o.; Michael Tieck (1): S. 20
Shutterstock.com: Valentin Baciu (1): S. 2-3; Henrik Larsson (1): S. 31; Seventh Son Studio (1): S. 75; Wirestock CREATORS (1): S. 24
Weitere: Heiko Bellmann (20): S. 18, 21, 22, 27, 28, 29, 33, 39, 50, 54, 57, 61, 62 u., 76, 77, 79, 82, 96 r., 106 r.; Heiko Bellmann/Kosmos (2): S. 72, 74; fotonatur.de/Stephan Ott (1): S. 106 l; Gartenschatz GmbH/Schön (3): S. 10, 15, 16; Gartenschatz GmbH/Bajohr (2): S. 17, 19, Frank Hecker (35): S. 9, 13, 23, 34, 36, 43, 44, 52, 53, 55, 63, 65, 67, 80, 87, 88, 90, 92, 93, 94 l., 95, 98, 99 o, 99 ul, 102 alle, 103 beide, 105, 107 o.; Hecker/Sauer (2): S. 91, 101; Panthermedia/Dieter Möbus (1): S. 47; Sauer/Hecker (1): S. 62 m.; Wikimedia/Geiserich77 (1): S. 14; Wikimedia/Masor (1): S. 64

Umschlaggestaltung von Nakischa Scheibe unter Verwendung eines Farbfotos von Anton Burakov/Shutterstock (Hirschkäfer)

Klappengestaltung von Nakischa Scheibe unter Verwendung von Illustrationen von Marianne Golte-Bechtle/Kosmos: Distelfalter, Wolfsspinne, Weberknecht, Kellerassel; Andrea Köhrsen: Käfer-ABC; Steffen Walentowitz: Goldlaufkäfer, Wespe, Zecke, Steinläufer; Jürgen Willbarth: Stinkwanze, Rote Waldameise, Schwebfliege, Schnurfüßer

Unser gesamtes lieferbares Programm und viele weitere Informationen zu unseren Büchern, Spielen, Experimentierkästen, Autoren und Aktivitäten findest du unter **kosmos.de**

MIX
Papier | Fördert gute Waldnutzung
FSC® C015829

Gedruckt auf chlorfrei gebleichtem Papier

Pfizerstraße 5–7, 70184 Stuttgart
kosmos.de/servicecenter

ISBN: 978-3-440- 17242-1
Redaktion: Dr. Heike Herrmann, Veronika Lang
Layout: Nakischa Scheibe und Sigrid Walter
Satz: Nakischa Scheibe
Produktion: Lena Geiger
Druck und Bindung: Printer Trento
Printed in Italy/Imprimé en Italie

*Nr 1 Button: * Quelle: Media Control MC Metis, DACH, FY 2024, WG 42- Natur, Umsatz*

Haftungsausschluss

Alle Angaben in diesem Buch erfolgen nach bestem Wissen und Gewissen. Sorgfalt bei der Umsetzung ist indes dennoch geboten. Der Verlag und der Autor übernehmen keinerlei Haftung für Personen-, Sach- oder Vermögensschäden, die aus der Anwendung der vorgestellten Materialien und Methoden entstehen können.

Inhalt

Hallo, liebe Insektenfreundin und lieber Insektenfreund!

In diesem Buch findest du rund 85 Arten unserer häufigsten Insekten, Spinnen und anderen Krabbeltiere, die du kennen solltest. Es gibt sie überall: in Gärten, Parks und Wäldern, auf Wiesen und Feldern, in und an Bächen, Teichen und Seen, bei dir im Garten, im Haus oder in der Wohnung. Um Insekten von Spinnen und anderen Krabbeltieren zu unterscheiden, musst du nur die Beine zählen: Alles, was sechs Beine hat, ist ein Insekt.

70 Heuschrecken, Ohrwürmer und Silberfischchen

Der Grashüpfer

Die Grashüpfer mit ihren kurzen Fühlern sind sehr verschieden gemustert. Obwohl die Männchen längere und die Weibchen kürzere Flügel besitzen, können die Grashüpfer nicht fliegen. Die Weibchen sind größer als die Männchen.

Wichtig zu wissen!

Der Grashüpfer ist bei uns die häufigste Heuschrecke. Er kommt auf allen Wiesen vor, selbst auf den stark gedüngten Grünlandwiesen. Dort ist er oft die einzige Heuschreckenart.

Der Grashüpfer ist 1,3 bis 2,2 cm lang.

Der Grashüpfer ist von Juni bis November unterwegs.

Bestimmen leicht gemacht

Die jeweilige Farbe am oberen Rand jeder Seite hilft dir bei der Suche nach den verschiedenen Krabbeltierarten. Damit du dich leichter zurechtfindest, stehen ähnlich aussehende Tiere beisammen:

Insekten mit sechs Beinen:

- Schmetterlinge und Libellen
- Käfer und Wanzen
- Bienen, Wespen, Ameisen und Fliegen
- Heuschrecken, Ohrwürmer und Silberfischchen

Keine Insekten:

- Spinnen, Asseln und Tausendfüßer

Außerdem findest du auf jeder Seite noch folgende Zeichen:

Der Text neben dieser **Landschaft** verrät dir, wo du das Krabbeltier am ehesten finden kannst. Lebt es im Wald oder auf der Wiese, kommt es sehr häufig vor oder ist es eher selten?

Damit du ungefähr abschätzen kannst, wie groß das Insekt oder die Spinne ist, also die Art, die auf der jeweiligen Seite vorgestellt wird, steht unten auf den Seiten neben dem Größenzeichen jeweils noch die genaue **Größenangabe** in Zentimetern.

Die **farbige Leiste** unten auf jeder Seite zeigt dir auf einen Blick, wann du das Tier entdecken kannst. Die Honigbiene beispielsweise fliegt auch an warmen Wintertagen, darum kannst du sie von Januar (abgekürzt Jan) bis Dezember (abgekürzt Dez) beobachten. Anders der Kaisermantel, ein Schmetterling: Er fliegt nur von Juni bis September.

Die **große Zeichnung** zeigt dir, wie das Krabbeltier aussieht. Manche Körperteile sind beschriftet, damit du deutlicher die typischen Merkmale der Art erkennen kannst. Für Besonderheiten gibt es zusätzliche Abbildungen, die das Erkennen und Bestimmen leichter machen. Die Zeichnungen zeigen dir nicht die tatsächliche Größe des Tiers. Dazu solltest du die Größenangabe lesen.

Die dunkelroten **Wichtig zu wissen!**-Kästen verraten dir interessante Zusatzinfos über unsere Insekten und Spinnen. Die grünen **Schau genau!**- und die gelben **Mach mit!**-Kästen geben dir Tipps zum Beobachten und Selbermachen. In den orangefarbenen **Erstaunlich!**-Kästen findest du verblüffendes Detailwissen oder Rekorde.

Der **Finger weg!**-Kasten warnt dich vor Krabbeltieren, die schmerzhaft beißen oder stechen können. Diese Tiere solltest du auf keinen Fall mit den Fingern anfassen oder in die Hand nehmen. Manche Menschen reagieren auf einen Biss oder Stich auch allergisch und müssen dann zum Arzt.

Finger weg!

Insekten, Spinnen und die anderen Krabbeltiere sind zarte Wesen. Du kannst sie ganz leicht verletzen oder gar töten, wenn du nicht aufpasst. Fang deshalb die Tiere immer ganz vorsichtig. Gehe achtsam mit ihnen um und sorge dafür, dass sie leben bleiben. Am besten betrachtest du die Tiere in einer Becherlupe oder in einem größeren Gefäß und fasst sie nicht an.

Insekt oder Spinne?

Die Frage kannst du ganz leicht beantworten, wenn du die Beine zählst: Insekten haben immer **sechs Beine**, Spinnen stets **acht Beine**. Asseln, Tausend- und Hundertfüßer haben **mehr als acht Beine** und sind daher weder Insekten noch Spinnen.

Doch es gibt noch ein weiteres Unterscheidungsmerkmal, der Insektenkörper besteht aus drei Teilen:

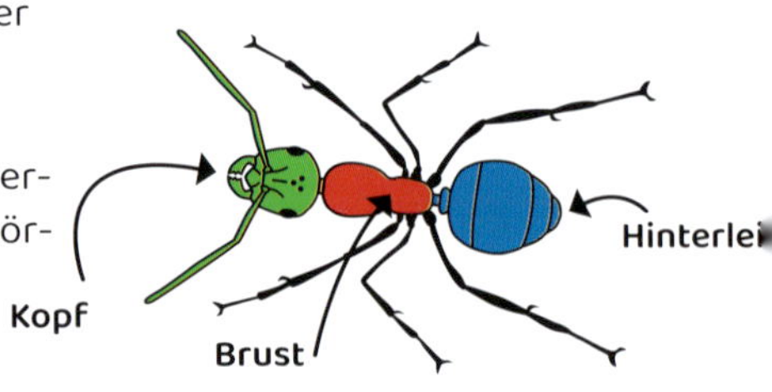

An der Brust sitzen die drei Beinpaare und die Flügel, wenn das Insekt welche besitzt. Der Körper von echten Spinnen hingegen besteht nur aus zwei Teilen – dem Vorderteil und dem Hinterleib. Vorne am Vorderteil befinden sich der Kopf und die vier Beinpaare.

Und außerdem ...

Du willst ja sicherlich nicht nur Insekten, Spinnen und andere Krabbeltiere bestimmen, sondern auch noch Spannendes erfahren und erleben. Dann blättere rasch auf die Seiten 92 bis 107. Dort erfährst du beispielsweise, welche verschiedenen Jagdstrategien Spinnen entwickelt haben oder wie du ein Insektenhotel bauen kannst. Außerdem findest du dort weitere Infos, zum Beispiel, welche Insekten und Spinnen im Wasser leben oder welche fantastischen Rekorde Insekten auf der ganzen Welt halten.

Raus in die Natur!

In Haus und Garten, Park und Wald und auf der Wiese findest du die meisten Insekten, Spinnen und anderen Krabbeltiere aus diesem Buch. Allerdings wirst du sicherlich noch viel mehr kleine Tiere entdecken, die in diesem Buch nicht beschrieben sind, denn bei uns gibt es so viele verschiedene Insekten und Spinnen.

Um Insekten und Spinnen bestimmen zu können, brauchst du außer dem Buch nicht viel. Mit einer Lupe oder Becherlupe kannst du dir wichtige Merkmale noch genauer ansehen. Besonderheiten fotografierst du mit dem Handy, Stift und Papier sind für Notizen gut.

Nun aber raus in die Natur und viel Freude beim Bestimmen und selbst Erleben!

Lupe

Das Tagpfauenauge

Dieses Insekt kennst du bestimmt. Es ist unser bekanntester Schmetterling. Da er als fertiges Insekt überwintert, zum Beispiel auch in Gebäuden, kannst du das Tagpfauenauge schon an den ersten warmen Märztagen beobachten. Der Falter sitzt gern mit ausgebreiteten Flügeln in der Sonne und tankt Wärme.

Erstaunlich!

Die großen Flecken auf den Flügeln sehen wie Augen aus. Mit ihnen täuschen die Schmetterlinge Vögel und andere Fressfeinde: Sie meinen, dass sie in die Augen eines viel größeren Tieres schauen – und lassen die Jagd auf das Tagpfauenauge lieber sein.

Die Flügel des Tagpfauenauges sind mit winzigen Schuppen bedeckt.

Das Tagpfauenauge ist der häufigste heimische Schmetterling, der in Gärten, Parks und lichten Wäldern vorkommt. Die schwarzen, stacheligen Raupen fressen Brennnesseln. Die hübschen Falter naschen gern an nektarreichen Blüten wie denen des Sommerflieders.

Die Spannweite der ausgebreiteten Flügel beträgt 5 bis 6 cm.

Das Tagpfauenauge fliegt von März bis Oktober.

Jan	Feb	Mär	Apr	Mai	Jun	Jul	Aug	Sep	Okt	Nov

Der Kleine Fuchs

Bereits im Februar saugt der Kleine Fuchs an Huflattich- und Weidenblüten, denn auch diese Art überwintert als fertiger Schmetterling. Im Frühling legt das Weibchen bis zu 200 Eier an Brennnesseln ab. Die Raupen spinnen sich gemeinsam in ein großes Gespinst ein, das du im Frühsommer auf den Futterpflanzen entdecken kannst.

Schau genau!

Der Kleine Fuchs sitzt wie alle Edelfalter nur mit vier Beinen auf Blatt und Blüte. Die beiden vordersten Beine sind nämlich ganz kurz. Es sind keine Laufbeine, sondern sie werden zum Putzen eingesetzt.

Auch der Kleine Fuchs ist ein sehr häufiger Schmetterling. Er kommt überall vor, wo genügend nektarreiche Blumen wie Astern , Dost und Disteln wachsen. Die schwarzen, stacheligen Raupen mit den gelben Längsstreifen fressen Brennnesseln.

Die Spannweite der ausgebreiteten Flügel beträgt 4 bis 5 cm.

Der Kleine Fuchs fliegt von Februar bis Oktober.

Feb | Mär | Apr | Mai | Jun | Jul | Aug | Sep | Okt | Nov | Dez

Der Admiral

Dieser hübsche Schmetterling verdankt seinen Namen der Flügelfärbung, die an die Uniform eines Admirals erinnert. Der Admiral saugt gern den süßen Nektar von Sommerblumen und im Herbst den klebrigen Saft von herabgefallenen Zwetschgen und anderem Fallobst.

Wichtig zu wissen!

Wenn du einen Admiral schon im März oder April siehst, dann hat dieser bei uns den Winter verbracht. Die meisten Admirale sterben aber beim ersten Frost. In milderen Wintern überleben immer öfter einzelne Tiere die kalte Jahreszeit an frostfreien Plätzen.

Der Admiral lebt eigentlich in Südeuropa. Im Spätfrühling und Sommer kommt er oft in großen Massen über die Alpen zu uns. Häufig kannst du ihn dann in Gärten, auf Blumen- und Obstwiesen sowie am Waldrand entdecken.

Die Spannweite der ausgebreiteten Flügel beträgt 5 bis 6 cm.

Der Admiral fliegt von Mai bis November.

Jan | Feb | Mär | Apr | Mai | Jun | Jul | Aug | Sep | Okt | Nov

Der Distelfalter

Auch der Distelfalter ist wie der Admiral ein Wanderfalter. Er verbringt den Winter in Nordafrika und legt schon zeitig im Jahr die ersten Eier an Pflanzen im Mittelmeerraum ab. Die sich daraus entwickelnden Schmetterlinge ziehen in großen Scharen nordwärts über die Alpen zu uns. Im Sommer wandern manche wieder zurück in den Süden. Die Falter, die bei uns bleiben, sterben in den ersten Frostnächten im Spätherbst.

Mach mit!

Schmetterlinge können nicht nur von süßem Nektar leben, sie brauchen auch Salze. Dazu saugen sie zum Beispiel an offenen mineralienreichen Bodenstellen. Du kannst ihnen aber auch ein Stückchen Steinsalz in den Garten legen.

Ein Großer Schillerfalter holt sich Mineralien.

Den Distelfalter kannst du häufig auf Wiesen, an Wegrändern und in Kiesgruben antreffen, wo Disteln wachsen. Er kommt sogar mitten in der Stadt vor.

Die Spannweite der ausgebreiteten Flügel beträgt 4,5 bis 6 cm.

Der Distelfalter fliegt von April bis Oktober.

Feb	Mär	Apr	Mai	Jun	Jul	Aug	Sep	Okt	Nov	Dez

Der Kaisermantel

Dieser hübsche Schmetterling fliegt an warmen Sommertagen. An kühlen Tagen ruht er in den Baumkronen. Im Sommer legt das Weibchen seine Eier in der Nähe von Veilchen ab. Die kleinen Raupen, die im Spätsommer schlüpfen, suchen sich gleich ein frostfreies Versteck. Dort überwintern sie. Erst im Frühjahr beginnen die dunkelbraunen Raupen mit den zwei gelben Rückenstreifen, an den Veilchenblättern zu futtern und sich zu Schmetterlingen zu entwickeln.

Schau genau!

Wenn du zwei tanzende Kaisermantel siehst, könnten das ein Männchen und ein Weibchen vor der Paarung sein. Dann umfliegt das Männchen das Weibchen und gibt dabei duftende Lockstoffe in die Luft ab. Zur Paarung landet das Weibchen auf einem Ast und streckt dem Männchen seinen Hinterleib entgegen.

Den Kaisermantel kannst du häufig an sonnigen Wald- und Wegrändern sowie Lichtungen im Wald entdecken, wenn dort Wasserdost, Kratzdisteln, Wald-Engelwurz und andere hohe Blumen blühen.

Die Spannweite der ausgebreiteten Flügel beträgt 5,5 bis 6,5 cm.

Der Kaisermantel fliegt von Juni bis September.

Jan Feb Mär Apr Mai Jun Jul Aug Sep Okt Nov

Der Große Kohlweißling

Die Raupen des Großen Kohlweißlings kannst du vor allem auf den Blättern verschiedener Kohlsorten entdecken, die auf Feldern und in Gärten angebaut werden. Der fertige Schmetterling saugt am liebsten an roten und violetten Blüten, etwa von Klee, Luzerne oder Sommerflieder. Das Weibchen erkennst du an den zwei schwarzen Punkten auf jedem Vorderflügel.

Hier saugt ein Kohlweißling-Weibchen.

Mach mit!

Wenn du in deinem Gemüsebeet kleine schwarz-grünlich gemusterte Raupen entdeckst, dann setze sie mit einem frischen Kohlblatt in ein leeres Gurkenglas und decke es mit einem luftdurchlässigen Stoff zu. Bald hast du deine eigene Schmetterlingszucht. Füttern nicht vergessen!

Der Große Kohlweißling lebt wie sein etwas kleinerer Bruder, der Kleine Kohlweißling, auf Gemüsefeldern und in Gärten. Er war früher häufig, wird heute aber zunehmend seltener.

Die Spannweite der ausgebreiteten Flügel beträgt 5 bis 6,5 cm.

Der Kohlweißling fliegt von April bis Oktober.

Feb	Mär	Apr	Mai	Jun	Jul	Aug	Sep	Okt	Nov	Dez

Der Zitronenfalter

Der leuchtend gelbe Zitronenfalter ist der erste Schmetterling des Jahres, der schon an milden Wintertagen unterwegs ist. Dann sucht er gern die ersten blühenden Weidenkätzchen und Huflattichblüten auf. Zitronenfalter werden fast ein Jahr alt und gehören damit zu den Schmetterlingen mit der höchsten Lebensdauer.

Weibchen

Erstaunlich!

Zitronenfalter überwintern als fertige Insekten ungeschützt auf einem Ästchen sitzend. Damit sie im kalten Winter nicht einfrieren, enthält ihre Körperflüssigkeit ein Frostschutzmittel, so wie das Wischwasser im Auto.

Männchen

Mischwälder und Hecken sind der Lebensraum des Zitronenfalters. Die grasgrünen Raupen fressen die Blätter von Faulbaum und Kreuzdorn, zwei typischen Wildsträuchern im Gebüsch.

Raupe

Die Spannweite der ausgebreiteten Flügel beträgt 5 bis 5,5 cm.

Der Zitronenfalter fliegt von Februar bis September.

Jan	Feb	Mär	Apr	Mai	Jun	Jul	Aug	Sep	Okt	Nov

Der Hauhechel-Bläuling

Beim Hauhechel-Bläuling kannst du Männchen und Weibchen gut unterscheiden. Das Männchen besitzt leuchtend blaue Flügel, die schwarz-weiß gesäumt sind.
Die Flügel der Weibchen sind bläulich-braun, am Rand orangefarben gefleckt. Seinen Namen verdankt der Falter dem Hauhechel, einer Futterpflanze seiner hellgrünen Raupen.

Weibchen

Männchen

Erstaunlich!

Das Blau in den Flügeln sind keine Pigmente, sondern entsteht, wenn das Sonnenlicht auf diesen Flügelflächen reflektiert wird. Darum leuchten Bläulinge im Sonnenlicht ganz besonders intensiv.

Der Bläuling ist weitverbreitet. Das liegt daran, dass seine Raupen die Blüten und Blätter von häufig vorkommenden Pflanzen wie Hornklee, Hauhechel, Luzerne und Weiß-Klee fressen. Diese wachsen an Weg- und Waldrändern, in Kiesgruben und auf blütenreichen Wiesen.

Die Spannweite der ausgebreiteten Flügel beträgt 2,5 bis 3 cm.

Der Hauhechel-Bläuling fliegt von Mai bis Oktober.

Feb | Mär | Apr | Mai | Jun | Jul | Aug | Sep | Okt | Nov | Dez

Das Sechsfleck-Widderchen

Wegen der blutroten Flecken auf den schwarzen Vorderflügeln wird dieser Falter auch Blutströpfchen genannt. Die schwarzen Fühler am Kopf mit den keulenartig verdickten Enden kannst du mit bloßem Auge gut erkennen.

Schau genau!

Tagsüber versammeln sich Sechsfleck-Widderchen gern zu mehreren auf Blüten. Sie bleiben lange sitzen, wenn du dich ihnen näherst. Ihr Schutz ist die schwarz-rote Körperfärbung, die Vögeln und anderen Fressfeinden zeigt: „Ich bin giftig!" Auch die gelbgrünen Raupen mit den schwarzen Punkten sind giftig.

Das Sechsfleck-Widderchen lebt auf sonnigen und blütenreichen Wiesen, an Wegrändern im Wald, in Kiesgruben und sogar auf Bergwiesen bis in 2500 m Höhe. Es ist die häufigste der 30 verschiedenen Widderchenarten.

Der Körper ist bis zu 1,5 cm lang.

Das Sechsfleck-Widderchen fliegt von Mai bis September.

Jan	Feb	Mär	Apr	**Mai**	**Jun**	**Jul**	**Aug**	**Sep**	Okt	Nov

Das Taubenschwänzchen

Das Taubenschwänzchen mit dem dicken braunen Körper und den orangefarbenen Hinterflügeln stammt aus Südeuropa. In nur zwei Wochen legt es bis zu 3000 km über die Alpen bis zu uns zurück. Heutzutage überleben einzelne Taubenschwänzchen auch unsere Winter. Du kannst es also rund ums Jahr entdecken. Das Taubenschwänzchen fliegt meist morgens und abends.

Erstaunlich!

Um Nektar zu saugen, landet das Taubenschwänzchen nicht auf der Blüte. Stattdessen bleibt es wie ein Kolibri in der Luft stehen und versenkt seinen langen Saugrüssel im Blütenkelch. So kann dieser Falter über 100 Blüten in fünf Minuten besuchen.

Das Taubenschwänzchen kann überall auftauchen, wo nektarreiche Blüten blühen, selbst an Balkonkästen.

Die Spannweite der ausgebreiteten Flügel beträgt 3,5 bis 5 cm.

Das Taubenschwänzchen fliegt das ganze Jahr über.

Feb Mär Apr Mai Jun Jul Aug Sep Okt Nov Dez

Der Mittlere Weinschwärmer

In der Abenddämmerung fliegt der Mittlere Weinschwärmer bei seiner Suche nach Nektar verschiedene Blüten an. Er ist karmesinrot gefärbt und hat olivgrüne Streifen. Dieser Nachtfalter legt im Sommer seine Eier auf Weidenröschen, Labkraut und Fuchsien ab, denn die Raupen fressen nur die Blätter dieser Pflanzen.

Erstaunlich!

Die dunkelbraune Raupe des Mittleren Weinschwärmers wird bis zu 8 cm lang. Wenn sie gestört wird, hebt sie ihren Vorderkörper hoch und zieht den Kopf ein. Dann werden zwei große Augenflecken sichtbar und die Raupe sieht aus wie eine kleine Schlange. So schreckt sie Vögel und andere Fressfeinde ab.

Der Mittlere Weinschwärmer kommt recht häufig auf Waldlichtungen, an Wegrändern und in Gärten vor.

Die Spannweite der ausgebreiteten Flügel beträgt 4,5 bis 6 cm.

Der Mittlere Weinschwärmer fliegt von Mai bis August.

Jan | Feb | Mär | Apr | Mai | Jun | Jul | Aug | Sep | Okt | Nov

Der Braune Bär

Tagsüber ruht der Braune Bär mit geschlossenen Flügeln zwischen Blumen und Gräsern. Wird er dann gestört, so spreizt der Nachtfalter seine Flügel und die roten Hinterflügel werden sichtbar. Um noch mehr abzuschrecken, gibt er dazu eine giftige, stinkende Substanz ab. Nachts verlässt der Braune Bär sein Versteck und besucht verschiedene Blüten.

Schau genau!

An Weiden, Schlehen und Himbeeren kannst du die bis zu 6 cm langen Raupen des Braunen Bären entdecken. Weil die braunen Raupen ein dichtes Haarkleid tragen, kam dieser Nachtfalter zu seinem Namen. Droht Gefahr, lassen sich die Raupen wie tot auf den Boden fallen und rollen sich ein.

Den Braunen Bären kannst du ziemlich häufig beobachten. Er lebt auf nicht zu trockenen offenen Flächen mit Gebüsch in der Nähe. Dazu gehören vor allem Waldlichtungen, Waldränder, Wiesen, Straßenböschungen und Gärten.

Die Spannweite der ausgebreiteten Flügel beträgt 4,5 bis 6,5 cm.

Der Braune Bär fliegt von Juni bis September.

Feb	Mär	Apr	Mai	Jun	Jul	Aug	Sep	Okt	Nov	Dez

Die Hausmutter

Sitzt die Hausmutter an der Wand, siehst du nur die rotbraunen bis grauen Vorderflügel. Wenn sich der Falter bedroht fühlt, öffnet er ruckartig die Vorderflügel. Dann werden die gelb-orangen Hinterflügel sichtbar. Mit diesem Verhalten will die Hausmutter Fressfeinde abschrecken.

Schau genau!

Ab August kannst du die haarlosen Raupen der Hausmutter an Gemüse, Brombeeren und verschiedenen Kräutern entdecken. Sie sind sehr unterschiedlich gefärbt, manche sind braun, andere grün oder gar gelblich. Sie überwintern an krautigen Pflanzen und erreichen im folgenden Frühjahr Längen von bis zu 5 cm. Dann verpuppen sie sich zu den fertigen Insekten.

Die nachtaktive Hausmutter kommt in Wäldern, Gärten, Parks, Feld- und Wiesenlandschaften häufig vor. Da sie sich von Licht anlocken lässt, fliegt sie auch gern in beleuchtete Zimmer. So kam sie auch zu ihrem Namen.

Die Spannweite der ausgebreiteten Flügel beträgt 4,5 bis 5,5 cm.

Die Hausmutter fliegt von Juni bis Oktober.

Jan | Feb | Mär | Apr | Mai | Jun | Jul | Aug | Sep | Okt | Nov

Der Eichen-Prozessionsspinner

Die Warnung vor Eichen-Pozessionsspinnern hat fast jeder schon einmal gehört oder gelesen. Seine Raupen besitzen viele kurze Brennhaare, die mit bloßem Auge nicht sichtbar sind. Wenn sich die Raupen bedroht fühlen, schießen sie die Brennhaare ab. Gelangen diese auf die Haut, in die Augen oder in die Atemwege, können sie zu heftigen allergischen Reaktionen führen. Dort, wo die Raupen massenhaft auftreten, kann das gefährlich werden.

Finger weg!

Halte dich von den Raupen und den mit Brennhaaren versehenen Nestern fern!

Wichtig zu wissen!

Die Raupen leben in einem dichten Gespinst in den Kronen von Eichen. Wenn sie abends auf Nahrungssuche gehen, bilden sie eine lange Schlange. Diese Prozession aus Raupen kann bis zu 10 m lang sein.

Der nachtaktive Eichen-Prozessionsspinner kommt in Eichenwäldern und Parks mit Eichen vor. Früher war er bei uns selten, wegen des menschengemachten Klimawandels breitet er sich immer mehr aus.

Die Spannweite der ausgebreiteten Flügel beträgt rund 2,5 cm.

Der Falter fliegt von Juli bis September; die Raupen findest du ab Mitte April.

Feb | Mär | Apr | Mai | Jun | Jul | Aug | Sep | Okt | Nov | Dez

Die Gammaeule

Die graue bis braune Gammaeule besitzt ein weißes y-Zeichen auf dem Vorderflügel, das an den griechischen Buchstaben Gamma erinnert. Obwohl sie zu den Nachtfaltern gehört, ist die Gammaeule auch tagsüber unterwegs. Besonders häufig kannst du ihr im Spätsommer und Herbst begegnen. Wenn sie auf einer Blüte zum Nektarsaugen landet, behält sie die Flügel meist leicht geöffnet. So kann sie jederzeit rasch fliehen.

Wichtig zu wissen!

Die Gammaeule kann bei uns nur in warmen Gebieten den Winter überleben. Da sie auch in Südeuropa vorkommt, wandern jeden Sommer zahlreiche Falter zu uns.

y-Zeichen

Die Gammaeule ist sehr häufig. Sie kommt in Gärten, auf Wiesen, Feldern und Heideflächen vor. Die hellgrünen Raupen fressen verschiedene Pflanzen, auch Kohl, Löwenzahn und Brennnesseln.

Raupe

Die Spannweite der ausgebreiteten Flügel beträgt 3,5 bis 4 cm.

Die Gammaeule fliegt von März bis November.

Jan | Feb | Mär | Apr | Mai | Jun | Jul | Aug | Sep | Okt | Nov

Die Dörrobstmotte

Die Flügel der Dörrobstmotte sind vorne grau und hinten kupferrot mit dunklen Querstreifen. Wenn du diese kleine Motte in der Wohnung entdeckst, solltest du Nüsse, Schokolade, Mehl, Getreide, Rosinen, Trockenfrüchte und Tee nach den weißen, bis zu 17 mm langen Raupen mit braunem Kopf durchsuchen. Sie durchziehen die befallenen Lebensmittel mit einem dichten Gespinst.

Reis

Schau genau!

Auch die ockergelben, silbrig glänzenden Kleidermotten können in der Wohnung leben. Die bis zu 1 cm langen weißen Raupen ernähren sich von Wolle, Baumwolle, Leinen und Seide. Sie hinterlassen Löcher in den befallenen Kleidungsstücken. Zum Schutz kannst du Lavendelsäckchen in den Kleiderschrank hängen.

Als Vorratsschädling kommt sie auf der ganzen Welt in Küchen, Vorratslagern und Speisekammern vor.

Die Spannweite der ausgebreiteten Flügel beträgt 1,3 bis 2 cm.

Die Dörrobstmotte fliegt das ganze Jahr über.

Feb | Mär | Apr | Mai | Jun | Jul | Aug | Sep | Okt | Nov | Dez

Die Blaugrüne Mosaikjungfer

Die Blaugrüne Mosaikjungfer ist eine unserer häufigsten Libellen. Ihr schwarzer Körper ist leuchtend grün und blau gefleckt. Libellen können nicht stechen! Sie sind wendige Flieger, die ihre zwei Flügelpaare unabhängig voneinander bewegen und wie ein Hubschrauber in der Luft stehen bleiben können. In rasanten Flugattacken erbeuten sie fliegende Insekten.

Männchen

Erstaunlich!

Die großen Augen der Libellen bestehen aus rund 30 000 Einzelaugen. Sie nehmen fast den ganzen Kopf ein. Dadurch haben die Libellen einen perfekten Rundumblick.

Die Großlibelle kommt an allen Teichen und Seen vor, auch am Gartenteich. Auf ihren langen Jagdzügen verlässt sie die nähere Umgebung des Gewässers. Wundere dich nicht, wenn du sie beim Jagen auf einem Waldweg beobachtest.

Die Spannweite der ausgebreiteten Flügel beträgt bis zu 11 cm.

Die Blaugrüne Mosaikjungfer fliegt von Juni bis November.

Jan	Feb	Mär	Apr	Mai	Jun	Jul	Aug	Sep	Okt	Nov

Der Plattbauch

Die Plattbauchlibelle fällt durch ihren breiten Hinterleib auf, der bei den Männchen blau und bei den Weibchen gelbbraun gefärbt ist. Diese Libellen kannst du sehr gut beobachten: Die Männchen landen nach kurzen Ausflügen immer wieder am selben Platz am Gewässerufer. Dort halten sie nach Beute oder paarungsbereiten Weibchen Ausschau.

Wichtig zu wissen!

Die Larven der Libellen leben am Grund von Gewässern. Sie sind gefährliche Räuber. Mit ihren klappmesserartigen Mundwerkzeugen erbeuten sie sogar Kaulquappen, kleine Fische und andere Wassertiere. Nach zwei Jahren verlassen sie das Wasser und die fertige Libelle schlüpft aus der Larvenhaut.

Männchen

Der Plattbauch kommt an allen stehenden Gewässern vor. Er ist eine der ersten Libellenarten, die an einem neu angelegten Gartenteich auftauchen.

Die Spannweite der ausgebreiteten Flügel beträgt 6,5 bis 8 cm.

Der Plattbauch fliegt von Mai bis August.

Feb | Mär | Apr | Mai | Jun | Jul | Aug | Sep | Okt | Nov | Dez

Die Hufeisen-Azurjungfer

Kurz hinter dem Rücken dieser schlanken Kleinlibelle sitzt das namensgebende schwarze „Hufeisen"-Zeichen. Die Männchen sind leuchtend blau, die Weibchen meist gelblich grün.

Männchen

Die Hufeisen-Azurjungfer kommt oft in großen Massen an Teichen und in Seebereichen vor, an denen es viele Schwimmblattpflanzen wie See- oder Teichrosen gibt.

Erstaunlich!

Wie alle Kleinlibellen paaren sich auch die Hufeisen-Azurjungfern in der Luft. Dazu ergreift das Männchen mit den Zangen am Hinterleibsende das Weibchen im Nacken. Das Weibchen biegt zur Paarung seinen Hinterleib nach vorne und die beiden bilden ein herzförmiges Paarungsrad. Nach der Paarung fliegen beide zur Wasseroberfläche. Dort legt das Weibchen seine Eier an den schwimmenden Blättern der Wasserpflanzen ab. Erst dann lösen sich die Partner voneinander.

Die Spannweite der ausgebreiteten Flügel beträgt 4 bis 5 cm.

Die Hufeisen-Azurjungfer fliegt von Mai bis September.

Jan | Feb | Mär | Apr | Mai | Jun | Jul | Aug | Sep | Okt | Nov

Der Goldlaufkäfer

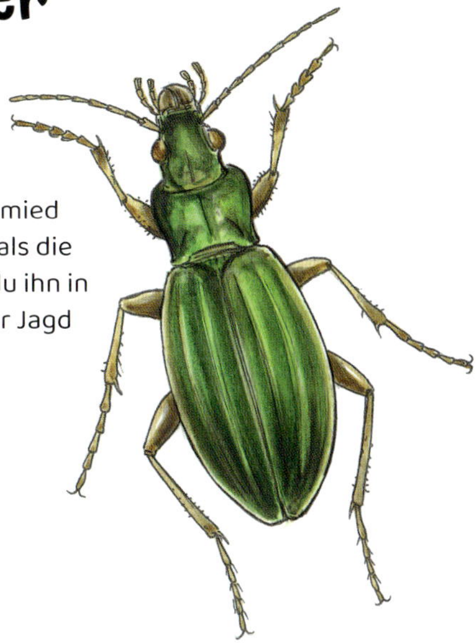

Kopf, Brust und die längs gerippten Flügeldecken schillern grünlich golden, die Beine des Goldlaufkäfers sind orange. Dieser Käfer wird auch Goldschmied oder Goldhenne genannt. Da er anders als die meisten Laufkäfer tagaktiv ist, kannst du ihn in insektenreichen Gebieten häufig bei der Jagd beobachten.

Wichtig zu wissen!

Täglich frisst der räuberische Laufkäfer dreimal so viel Nahrung, wie er selbst wiegt. Da er neben Insekten, Würmern und toten Kleintieren auch Schnecken erbeutet, ist er bei Gärtnern ein beliebter Nützling. Wer Insektenschutzmittel im Garten verwendet, schadet allerdings damit auch dem Goldlaufkäfer.

Der Goldlaufkäfer hat einen Regenwurm erbeutet.

Der Goldlaufkäfer lebt auf dem Boden von Wiesen, Feldern und Gärten und am Waldrand.

Der Goldlaufkäfer ist 2 bis 3 cm lang.

Der Goldlaufkäfer ist von April bis August unterwegs.

Feb	Mär	Apr	Mai	Jun	Jul	Aug	Sep	Okt	Nov	Dez

Der Gelbrandkäfer

Der Gelbrandkäfer ist einer der größten Schwimmkäfer. Du erkennst ihn an seinem braunen Körper mit den gelben Rändern an den Flügeldecken und am Halsschild. Seine Hinterbeine sind zu breiten Schwimmbeinen umgewandelt.

Erstaunlich!

Unter Wasser jagt der Gelbrandkäfer kleine Wassertiere, vor allem Kaulquappen und die Larven der Wasserinsekten. Zum Luftholen taucht der Käfer auf und befüllt die Hohlräume unter seinen Flügeldecken mit einem frischen Luftvorrat für den nächsten Tauchgang. Wenn dem Gelbrandkäfer ein Gewässer nicht mehr zusagt, verlässt er es und fliegt zum nächsten.

Die Larve kann bis zu 80 mm lang werden. Mit ihren kräftigen Mundwerkzeugen packt sie kleine Krebstierchen sowie andere Beute und saugt sie aus.

Alle wasserpflanzenreichen Teiche und Tümpel, auch Gartenteiche, sind der Lebensraum des Gelbrandkäfers.

Der Gelbrandkäfer ist 2,5 bis 3,5 cm lang.

Der Gelbrandkäfer ist von April bis Oktober unterwegs.

Jan | Feb | Mär | Apr | Mai | Jun | Jul | Aug | Sep | Okt | Nov

Der Schnellkäfer

Der schlanke, schwarz-braune Schnellkäfer heißt nicht so, weil er besonders schnell laufen oder fliegen kann. Seinen Namen verdankt er der Fähigkeit, plötzlich mehrere Zentimeter hochzuschnellen, wenn er hilflos auf dem Rücken liegt. Dann landet er wieder auf seinen sechs Beinen.

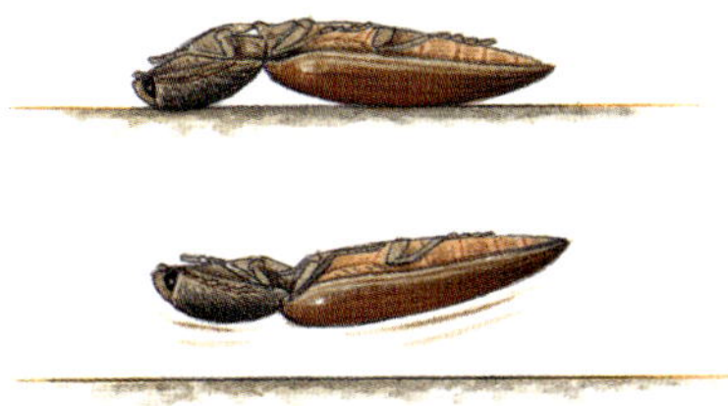

Wichtig zu wissen!

Die dünnen bräunlichen Larven des Schnellkäfers leben im Boden. Dort nagen sie an Pflanzenwurzeln, im Garten am liebsten an denen von jungem Gemüse und Blumen. Die betroffenen Pflanzen sterben danach häufig ab. Da die wurmähnlichen Larven sehr hart sind, werden sie von Gärtnern auch „Drahtwürmer" genannt. Wenn du im Garten eine Larve gefunden hast, nimm sie doch einmal vorsichtig in die Hand.

Den Schnellkäfer triffst du überall an, häufig im Gebüsch, am Boden, auf Blüten und Baumstämmen. Bei Gefahr lässt er sich einfach fallen, auch wenn er dabei auf dem Rücken landet.

Der Schnellkäfer ist 1 bis 1,5 cm lang.

Der Schnellkäfer ist von April bis September unterwegs.

Feb | Mär | Apr | Mai | Jun | Jul | Aug | Sep | Okt | Nov | Dez

Der Schwarze Moderkäfer

Auf den ersten Blick sieht der schlanke Schwarze Moderkäfer gar nicht wie ein Käfer aus. Er gehört zu einer Käfergruppe mit kurzen Flügeldecken, die Kurzflügler heißen. In dieser Käfergruppe ist er der größte Käfer bei uns. Er macht Jagd auf Schnecken und Insektenlarven am Boden.

Finger weg!

Fühlt sich der Moderkäfer bedroht, biegt er seinen langen Hinterleib nach vorne und bewegt ihn vor und zurück. Seinen großen Kopf hebt er mit weit geöffneten Oberkieferzangen an, mit denen er schmerzhaft zubeißen kann. Um sich zu verteidigen, sondert der Käfer auch noch ein stinkendes Sekret ab.

Laubwälder sind der bevorzugte Lebensraum des häufig vorkommenden Schwarzen Moderkäfers, der auch bei Tag aktiv ist.

Der Schwarze Moderkäfer ist 2 bis 3 cm lang.

Der Schwarze Moderkäfer ist von April bis Oktober unterwegs.

Jan | Feb | Mär | **Apr** | **Mai** | **Jun** | **Jul** | **Aug** | **Sep** | **Okt** | Nov

Das Glühwürmchen

In lauen Sommernächten kannst du winzige Leuchtpünktchen entdecken. Es sind die fliegenden Leuchtkäfermännchen, besser bekannt als Glühwürmchen. Die Weibchen können mit ihren Stummelflügeln nicht fliegen und geben vom Boden aus Leuchtsignale, die die Männchen anlocken sollen. Glühwürmchen nehmen als erwachsene Käfer keine Nahrung mehr zu sich – nur die Larven erbeuten Schnecken. Es gibt verschiedene Glühwürmchen bei uns, hier siehst du den Kleinen Leuchtkäfer.

links das flügellose, gelblich weiße Weibchen, rechts das Männchen

Erstaunlich!

Das grünliche Licht der Glühwürmchen ist ganz kalt. Es entsteht in den Leuchtorganen, wenn der Leuchtstoff Luciferin mit Sauerstoff reagiert. Interessanterweise leuchten auch die Eier leicht grünlich in der Dunkelheit.

Glühwürmchen kommen in lichten Laubwäldern und Parks, am Waldrand und auf feuchten Wiesen vor. Früher waren sie häufig, heute sind sie selten geworden.

Das Glühwürmchen ist 0,8 bis 1 cm lang.

Das Glühwürmchen ist im Juni und Juli unterwegs.

Feb | Mär | Apr | Mai | **Jun** | **Jul** | Aug | Sep | Okt | Nov | Dez

Der Rotgelbe Weichkäfer

Der schmale Käfer mit den langen Fühlern fällt durch seine gelb- bis braunrote Färbung auf, die Spitzen der Flügeldecken sind braunschwarz. Neben Pollen frisst der Rotgelbe Weichkäfer auch kleine Insekten.

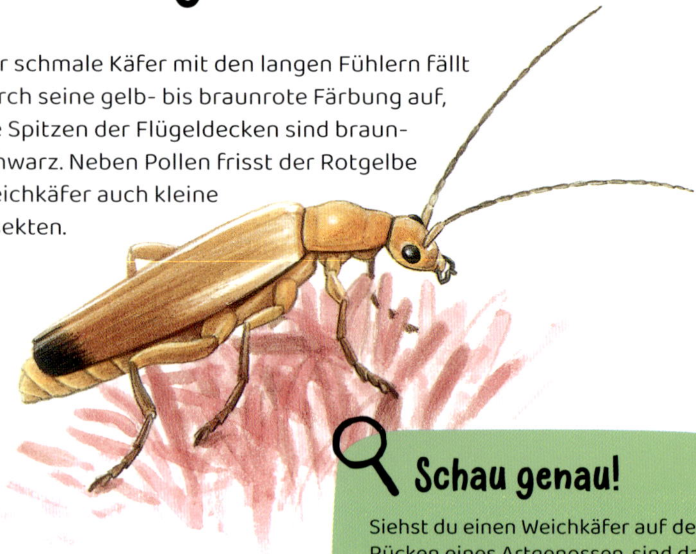

Der Rotgelbe Weichkäfer ist einer unserer häufigsten Käfer. Er kommt überall vor, wo Blumen wachsen. Meist entdeckst du ihn auf den weißen Blütenschirmen von Wiesen-Bärenklau und Wilder Möhre.

Schau genau!

Siehst du einen Weichkäfer auf dem Rücken eines Artgenossen, sind das zwei Weichkäfer bei der Paarung. Unten sitzt das Weibchen, oben das Männchen. Nach der Paarung legt das Weibchen seine Eier in den Boden ab. Die Larven wachsen bis zum nächsten Frühjahr heran und verpuppen sich dann zum fertigen Käfer.

Der Rotgelbe Weichkäfer ist etwa 1 cm lang.

Der Rotgelbe Weichkäfer ist von Juli bis August unterwegs.

Jan | Feb | Mär | Apr | Mai | Jun | Jul | Aug | Sep | Okt | Nov

Der Siebenpunkt-Marienkäfer

Auf den roten, hochgewölbten Flügeldecken trägt dieser Marienkäfer die namensgebenden schwarzen Punkte. Auf dem Halsschild sitzen seitlich zwei weiße Punkte, der Kopf ist recht klein.

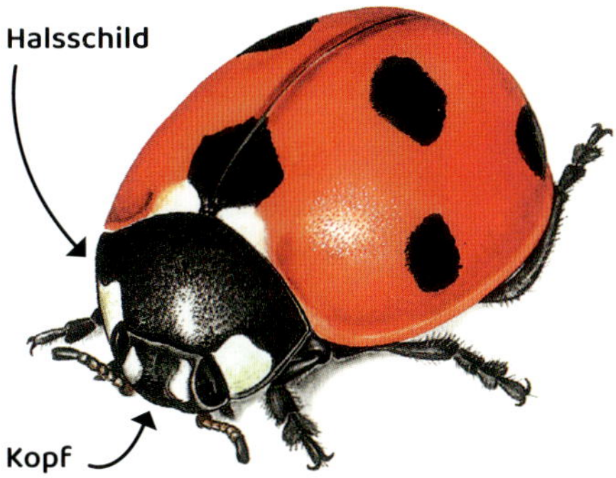

Erstaunlich!

Marienkäfer sind eifrige Blattlausjäger. Ein Marienkäfer frisst bis zu 90 Blattläuse an einem Tag. Genauso gefräßig wie die Käfer sind die blaugrauen Larven mit den orangegelben Flecken: Während ihrer mehrwöchigen Entwicklung zum fertigen Käfer vertilgen sie über 600 Läuse. Weil die Menschen früher glaubten, dieser Käfer sei ein Geschenk der Gottesmutter Maria, gaben sie ihm den Namen Marienkäfer.

Larve des Siebenpunkt-Marienkäfers

Der Siebenpunkt ist unter den rund 80 heimischen Marienkäferarten der häufigste. Er kommt überall vor, auch in Gärten und Innenstädten.

Seit über zehn Jahren breitet sich bei uns der Asiatische Marienkäfer aus, der gelb, orange, rot oder schwarz gefärbt ist und 0 bis 21 Punkte trägt. Du erkennst ihn aber an dem deutlich sichtbaren W auf dem Halsschild.

Larve des Asiatischen Marienkäfers

Der Siebenpunkt-Marienkäfer ist 0,5 bis 0,8 cm lang.

Der Siebenpunkt-Marienkäfer ist das ganze Jahr über aktiv.

Jan	Feb	Mär	Apr	Mai	Jun	Jul	Aug	Sep	Okt	Nov	Dez

Feb Mär Apr Mai Jun Jul Aug Sep Okt Nov Dez

Der Brotkäfer

Der winzige rotbraune Brotkäfer ernährt sich von Brot, Kuchen und anderen Backwaren, auch von Gewürzen und getrockneten Pflanzen. Deshalb kannst du ihn auch in Gewürzdosen und Teebeuteln finden. Da er im Verborgenen lebt, entdeckt man häufig nur seine Larven in den befallenen Vorräten.

Der Brotkäfer ist bei uns in Gebäuden weitverbreitet, vor allem in Küchen, Vorratskammern, Apotheken und Natursammlungen von Museen.

Mehlkäfer mit Larve und Puppe

Wichtig zu wissen!

Es gibt noch andere Käfer, die in den Nahrungsvorräten Schäden anrichten. Der bis zu 1 cm lange, braun-schwarze Speckkäfer ernährt sich von Wolle, Kleidung und Speisevorräten. Bis zu 2 cm lang wird der schwarze Mehlkäfer. Seine etwa 4 cm langen, braunen Larven, die Mehlwürmer, fressen wie die erwachsenen Käfer alles, was Stärke enthält – Brot, Nudeln, Mehl, Getreide und Ähnliches.

Speckkäfer

Der Brotkäfer ist 0,2 bis 0,3 cm lang.

Der Brotkäfer ist das ganze Jahr über unterwegs.

Jan | Feb | Mär | Apr | Mai | Jun | Jul | Aug | Sep | Okt | Nov

Der Totengräber

Als Aasfresser hat der schwarze Totengräber mit den zwei orangefarbenen Bändern auf den Flügeldecken eine wichtige Rolle in der Natur: Er und seine Larven ernähren sich von Kadavern wie toten Mäusen und anderen toten Tieren, die auf diese Weise entsorgt werden.

Erstaunlich!

Totengräber sind fürsorgliche Eltern. Gemeinsam graben sie eine kleine Tierleiche in den Boden ein und legen darauf ihre Eier ab. Nach dem Schlüpfen rufen die Larven ihre Eltern mit zirpenden Tönen herbei. Dann würgen die Totengräber einen Brei aus vorverdautem Aas hervor und füttern damit ihren Nachwuchs.

Der Totengräber kommt am Boden von Waldlichtungen, in Gärten und anderen offenen Lebensräumen vor. Er ist recht häufig.

Der Totengräber ist 1 bis 2 cm lang.

Der Totengräber ist von April bis September unterwegs.

Feb | Mär | Apr | Mai | Jun | Jul | Aug | Sep | Okt | Nov | Dez

Der Waldmistkäfer

Der Waldmistkäfer ist ein kräftiger schwarzer Käfer, der stahlblau glänzt. Die Flügeldecken sind längs gefurcht. Er besitzt breite Grabbeine. Häufig sitzen kleine rötliche Milben auf dem Käfer, die sich von ihm zu frischen Kothaufen transportieren lassen.

Wichtig zu wissen!

Waldmistkäfer können ausgezeichnet riechen. Männchen und Weibchen finden einen frischen Kothaufen anhand des typischen Geruchs. Dann gräbt das Weibchen in der Nähe eine Höhle in den Erdboden, von der mehrere Kammern abgehen. Diese füllen die Käfer mit frischem Kot und je einem Ei. Die Larve ernährt sich vom Kot, überwintert und verpuppt sich im nächsten Jahr zum fertigen Käfer.

Wie der Name schon sagt, lebt dieser Käfer im Wald. Er krabbelt gern auf schattigen Waldwegen über den Boden. Größere Entfernungen legt er in schwerfälligem Flug zurück.

Der Waldmistkäfer ist 1,2 bis 2 cm lang.

Der Waldmistkäfer ist von Mai bis Oktober unterwegs.

Jan	Feb	Mär	Apr	Mai	Jun	Jul	Aug	Sep	Okt	Nov

Der Junikäfer

Dieser eckige Käfer sieht wie ein kleiner Maikäfer aus, sein stark behaarter Körper ist allerdings einfarbig hellbraun gefärbt. Die weiße Larve (Engerling) lebt zwei bis drei Jahre in der Erde und verpuppt sich dann im Frühjahr Frühjahr zum fertigen Käfer.

Schau genau!

Die verwandten Maikäfer sind etwas größer (2 bis 3 cm lang) als die Junikäfer. Sie ernähren sich von Blättern der Laubbäume, am liebsten von den Eichen. Früher traten sie in manchen Jahren von April bis Juni so zahlreich auf, dass sie ganze Bäume kahl fraßen. Heute sind Maikäfer selten geworden und kommen kaum noch in großen Massen vor.

Der Junikäfer kommt in offenen Landschaften mit Feldern, Blumen- und Obstbaumwiesen, aber auch in Gärten und an Waldrändern vor. In manchen Jahren schwärmen um die Sommersonnenwende herum (23. Juni) abends massenhaft Junikäfer, in anderen Jahren tritt er nur vereinzelt auf.

Der Junikäfer ist 1,4 bis 1,8 cm lang.

Der Junikäfer ist von Mai bis Juli unterwegs.

Feb | Mär | Apr | **Mai** | **Jun** | **Jul** | Aug | Sep | Okt | Nov | Dez

Der Rosenkäfer

Die Oberseite des Rosenkäfers glänzt metallisch grüngold, die Unterseite goldrot. Weil die Flügeldecken in der Mitte zusammengewachsen sind, kann der Käfer sie beim Fliegen nicht einzeln hochklappen. Wenn er fliegt, breitet er seine dünnen Flügel seitlich aus.

Mach mit!

Rosenkäfer ernähren sich von Pollen und Nektar verschiedener Sträucher. Wenn du im Garten Schwarzen Holunder, Hartriegel, Weißdorn oder Rosen pflanzt, findet der Käfer reichlich Nahrung.

Der imposante Rosenkäfer lebt an Waldrändern, in Parks, Gärten und anderen gebüschreichen Lebensräumen.

Der Rosenkäfer ist 1,5 bis 2 cm lang.

Der Rosenkäfer ist von Mai bis Oktober unterwegs.

Jan | Feb | Mär | Apr | Mai | Jun | Jul | Aug | Sep | Okt | Nov

Der Hirschkäfer

Der dunkel rotbraune Hirschkäfer ist der größte Käfer, den es bei uns gibt. Das Männchen trägt riesige Kieferzangen am Kopf, die wie ein Hirschgeweih aussehen. Die Kiefer der Weibchen sind normal ausgebildet.

Wichtig zu wissen!

Mit den riesigen Kieferzangen kämpfen die Hirschkäfermännchen gegeneinander um ein Weibchen und versuchen dabei, den Rivalen vom Ast zu werfen. Mit den großen Kieferzangen können sie jedoch keine Nahrung zerkleinern. Stattdessen lecken sie mit ihrer Pinselzunge Flüssigkeiten wie etwa süße Baumsäfte auf. Die Larven der Hirschkäfer leben fünf bis acht Jahre lang im morschen Holz von Eichen, bis sie sich zu fertigen Käfern entwickelt haben.

Weibchen

Der recht seltene Hirschkäfer kommt nur in naturnahen alten Eichenwäldern oder in alten Eichenalleen vor. Er ist meist nachts unterwegs.

Der Hirschkäfer ist 2,5 bis 7,5 cm lang.

Der Hirschkäfer ist von Mai bis August unterwegs.

Feb | Mär | Apr | Mai | Jun | Jul | Aug | Sep | Okt | Nov | Dez

Der Buchdrucker

Der Buchdrucker ist ein Borkenkäfer und gilt als gefährlicher Schädling im Wald. Den Buchdrucker selbst wirst du nur selten sehen, dafür sind aber seine Fraßspuren sehr auffällig. Sie erinnern an die verzierten Buchstaben in mittelalterlichen Büchern – so kam der Buchdrucker zu seinem Namen.

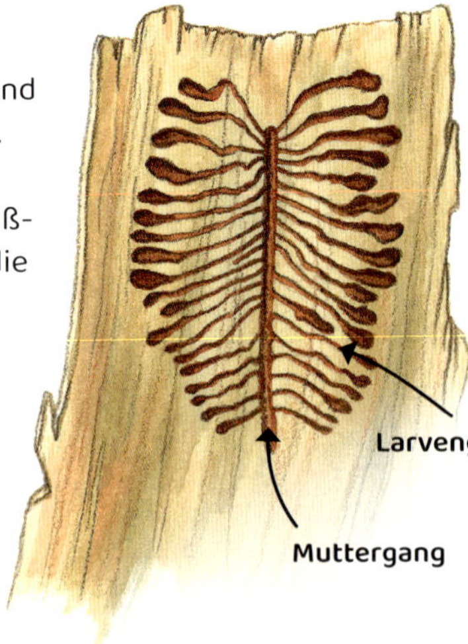

Der Buchdrucker lebt im Wald unter der Rinde kranker, schwacher und abgestorbener Fichten. Er kommt recht häufig vor.

Schau genau!

Wenn die Rinde befallener Fichtenbäume abplatzt, kannst du die Fraßspuren entdecken. Der breite, bis zu 15 cm lange Gang in der Mitte wurde vom Weibchen ins Holz gefressen, um darin die 30 bis 60 Eier abzulegen. Nach dem Schlüpfen haben sich die Larven vom Mittelgang (Muttergang) aus seitlich ins Holz gefressen. Dabei sind die vielen Seitengänge (Larvengänge) entstanden.

Der Buchdrucker ist 0,4 bis 0,5 cm lang.

Der Buchdrucker ist von Mai bis Juli unterwegs.

Jan	Feb	Mär	Apr	Mai	Jun	Jul	Aug	Sep	Okt	Nov

Der Rothalsbock

Bei diesem Bockkäfer mit den fast körperlangen schwarzen Fühlern kannst du gut die Männchen von den Weibchen unterscheiden. Die zierlichen Männchen sind gelbbraun mit einem schwarzen Halsschild, die deutlich größeren Weibchen leuchten rotbraun.

Männchen

Schau genau!

Der Rothalsbock hält sich besonders gern auf weißen Schirmblüten auf. Weil er sich beim Fressen von Blütenteilen nicht stören lässt, kannst du ihn gut dabei beobachten. Auf den Blüten paaren sich auch Männchen und Weibchen. Danach legt das Weibchen seine Eier in morsche Fichten- und Kiefernbaumstämme, von deren Holz sich die Larven ernähren.

Besonders zahlreich kommt der Rothalsbock an blütenreichen Waldrändern und -lichtungen, aber auch in Gärten vor. Er ist unser häufigster Bockkäfer.

Der Rothalsbock ist 1 bis 2 cm lang.

Der Rothalsbock ist von Juni bis September unterwegs.

Feb	Mär	Apr	Mai	Jun	Jul	Aug	Sep	Okt	Nov	Dez

Der Haselnussbohrer

Der kleine braune Körper ist fein hell und dunkel beschuppt. Auffallend sind die großen Augen vorne am Kopf und der sehr dünne, lange Rüssel, an dem die beiden Fühler rechtwinklig ansitzen.

Wichtig zu wissen!

Wie kommen die Löcher in die Haselnuss? Im Mai und Juni nagt das Weibchen eine junge Haselnuss an und legt ein Ei hinein. Die Larve frisst die Haselnuss in etwa vier Wochen auf. Dann fällt die „taube" Nuss herunter und die Larve bohrt ein Loch in die Schale, durch das sie die Nuss verlässt. Sie vergräbt sich im Erdboden, überwintert und verpuppt sich im Frühling zum fertigen Käfer.

Überall, wo Haselnüsse vorkommen, lebt der kleine Haselnussbohrer. Die Larve entwickelt sich nur in Haselnüssen, die Käfer fressen Knospen, junge Triebe und Blätter von verschiedenen Bäumen.

Der Haselnussbohrer ist 0,6 bis 0,8 cm lang.

Der Haselnussbohrer ist von Mai bis Juli unterwegs.

Jan	Feb	Mär	Apr	Mai	Jun	Jul	Aug	Sep	Okt	Nov

Der Wasserläufer

Am schlanken Körper fallen sofort die vier langen Beine auf, mit denen der Wasserläufer auf der Wasseroberfläche gleiten kann wie ein Schlittschuhläufer übers Eis. Die vorderen Beine sind kurz, mit ihnen fängt der Wasserläufer seine Beute. Wasserläufer gehören übrigens zu den Wanzen.

Mach mit!

Wirf vorsichtig ein kleines Blättchen auf die Wasseroberfläche. Mit etwas Glück kannst du so einen Wasserläufer anlocken. Diese Wanzen bemerken die Bewegung der Wasseroberfläche, die von ins Wasser gefallenen, zappelnden Insekten erzeugt wird. Dann schießen sie eilig herbei, um Beute zu machen. Wasserläufer können auch bis zu 10 cm hoch springen.

Wasserläufer fehlen auf keinem stehenden Gewässer und bewohnen alle Tümpel, Weiher, Teiche und Seen. Da sie gut fliegen können, besiedeln sie rasch neu angelegte Teiche oder frische Wasserpfützen. Bei starkem Wind und Regen halten sie sich am Ufer auf.

Wasserläufer sind so leicht, dass sie das Wasser trägt.

Der Wasserläufer (Körper) ist etwa 1 cm lang.

Der Wasserläufer ist von April bis Oktober unterwegs.

n | Feb | Mär | Apr | Mai | Jun | Jul | Aug | Sep | Okt | Nov | Dez

Die Grüne Stinkwanze

Vom Frühjahr bis zum Herbst ist der wappenförmige Körper der Stinkwanze grün gefärbt. Im Herbst färbt die Wanze sich dann braun bis bronzefarben um. Im Frühjahr ist sie wieder leuchtend grün. Am Körperende sind die bräunlichen Flügelspitzen sichtbar.

Schau genau!

Wenn du den Bauch der Grünen Stinkwanze betrachtest, fällt dir dort auf der Brust eine lange Vertiefung auf. In dieser Rinne ruht der lange Stechrüssel, wenn die Wanze ihn gerade nicht benutzt. Stinkwanzen saugen gern an Himbeeren und anderen Beeren, die danach widerlich schmecken.

Die Grüne Stinkwanze kannst du häufig an Lichtungen und Wiesen, am Waldrand und in Gärten beobachten. Sie fliegt auch in Wohnungen. Dort fällt sie durch ihre lauten Fluggeräusche auf, die abrupt enden, wenn die Wanze gelandet ist.

Die Grüne Stinkwanze ist 1,2 bis 1,4 cm lang.

Die Grüne Stinkwanze ist von April bis November unterwegs.

Jan | Feb | Mär | Apr | Mai | Jun | Jul | Aug | Sep | Okt | Nov | De

Die Feuerwanze

Rot und Schwarz sind die Farben der Feuerwanze. Auf den kurzen roten Flügeln, die den Hinterleib nicht ganz bedecken, sitzen jeweils ein großer und ein kleiner schwarzer Punkt. Die rot-schwarzen Larven mit dem roten Hinterleib sind kleiner und flügellos. Im Frühjahr paaren sich Männchen und Weibchen, indem sie Hinterleib an Hinterleib zusammenhängen.

Wichtig zu wissen!

Feuerwanzen sind gesellige Tiere, die in Kolonien leben. Schon an warmen Wintertagen wärmen sich die Feuerwanzen an sonnigen Plätzen. Feuerwanzen saugen an den Samen von Linden, Robinien und Malvenfrüchten.

Die Feuerwanze ist ein Wort und kommt bei uns recht häufig vor. Sie fällt besonders in Parks, Gärten und auf alten Friedhöfen auf, wo du sie in großen Scharen unter alten Linden oder Robinien antreffen kannst.

Die Feuerwanze ist 1 bis 1,2 cm lang.

Die Feuerwanze ist das ganze Jahr über unterwegs.

Jan | Feb | Mär | Apr | Mai | Jun | Jul | Aug | Sep | Okt | Nov | Dez

Der Rückenschwimmer

Meist hängt der flache bräunliche Rückenschwimmer in Rückenlage an der Wasseroberfläche oder klammert sich an Wasserpflanzen fest. Dann fallen seine langen Hinterbeine auf, die zu Schwimmbeinen umgewandelt sind.

Schau genau!

Der Rückenschwimmer besitzt sehr große Augen, mit denen er über und unter der Wasseroberfläche gut sehen kann. Er lauert vor allem auf Insekten, die aufs Wasser fallen. Sobald er eine Bewegung wahrnimmt, schießt er blitzschnell herbei. Dann ergreift der Rückenschwimmer die Beute und saugt sie mit seinem langen Rüssel aus.

Der Rückenschwimmer besiedelt stehende Gewässer wie Tümpel, Teiche und Seen, in denen er überall häufig ist. Er kommt auch in Gartenteichen vor.

Rückenschwimmer in Lauerstellung

Finger weg!

Rückenschwimmer können sehr schmerzhaft stechen! Darum werden sie auch Wasserbienen genannt.

Der Rückenschwimmer ist 1,5 cm lang.

Der Rückenschwimmer ist das ganze Jahr über unterwegs.

Jan | Feb | Mär | Apr | Mai | Jun | Jul | Aug | Sep | Okt | Nov | De

Die Schlupfwespe

In Deutschland gibt es über 3000 Schlupfwespenarten. Als Beispiel siehst du hier die Holzwespen-Schlupfwespe. Am Ende ihres schlanken schwarz-weiß gemusterten Körpers fällt der dünne Legebohrer auf, der so lang wie der Körper ist. Die langen Beine sind rötlich, die schmalen Flügel durchsichtig.

Larve einer Holzwespe

Erstaunlich!

Mit ihrem guten Geruchssinn erschnuppert die Schlupfwespe die Larven von Holzwespen, die im Holz von Fichten und anderen Nadelbäumen leben. Hat die Schlupfwespe eine solche Larve entdeckt, bohrt sie langsam ihren langen Legebohrer bis zu 3 cm tief durch Rinde und Holz zu der Larve. Dann lähmt sie diese mit einem Stich und legt anschließend ein Ei in die Holzwespenlarve. Aus dem Ei schlüpft die Schlupfwespenlarve, die sich bis zu ihrer Verpuppung (siehe Seite 94) von der Holzwespenlarve ernährt.

Der Lebensraum dieser Schlupfwespe sind Nadelwälder. Dort kannst du sie meist an gefällten Baumstämmen entdecken.

Die Schlupfwespe ist 1,8 bis 3,5 cm lang.

Die Schlupfwespe fliegt von Juli bis September.

Jan | Feb | Mär | Apr | Mai | Jun | Jul | Aug | Sep | Okt | Nov | Dez

Die Hornisse

Die Hornisse ist die größte Wespenart, die bei uns lebt. Der Hinterleib ist markant rot, schwarz und gelb gestreift und gemustert, der Brustteil braunrot und schwarz gefärbt. Wenn die Hornisse nicht fliegt, faltet sie ihre Flügel auf dem Rücken zusammen.

Finger weg!

Hornissen können stechen, sind aber sehr friedlich. Ein Stich ist nicht gefährlicher und auch nicht schmerzhafter als ein Bienen- oder Wespenstich, sofern man nicht allergisch darauf reagiert.

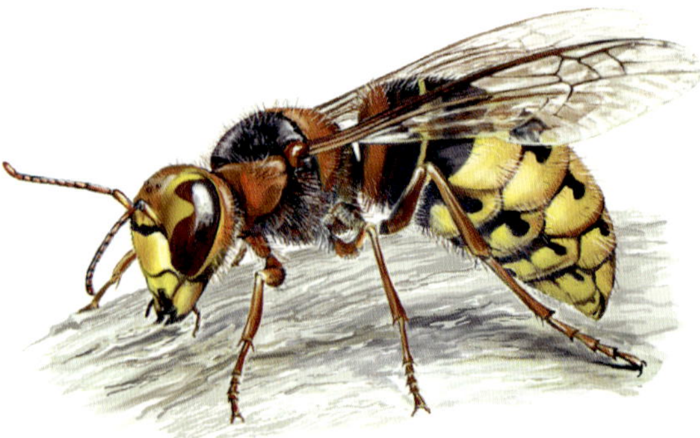

Die Hornisse kommt recht häufig vor. Sie lebt in lichten Wäldern, Parks und Gärten und baut ihr Nest in Baumhöhlen, Nistkästen und die Hohlräume von Gebäuden.

Wichtig zu wissen!

Im Frühjahr baut die Königin aus zerkautem Holz ein kleines Papiernest. In jede Wabe legt sie ein Ei und füttert die Larven, wenn sie geschlüpft sind. Aus diesen Larven entwickeln sich die Arbeiterinnen, die von nun an das Nest vergrößern und die Larven versorgen. Bis zum Herbst können es bis zu 700 Tiere werden. Im Herbst sterben die Arbeiterinnen, nur die Königin überlebt den Winter.

Hornissennest

Die Arbeiterin ist etwa 2,5 cm, die Königin etwa 3,5 cm lang.

Die Hornisse fliegt von April bis Oktober.

Jan | Feb | Mär | Apr | Mai | Jun | Jul | Aug | Sep | Okt | Nov | Dez

Die Deutsche Wespe

Die schwarz-gelbe Färbung dieser Wespe kennst du sicherlich. Die ebenso häufige Gemeine Wespe sieht fast genauso aus. Ihr Körper ist zwischen Brust und Hinterleib stark eingeschnürt, das ist die Wespentaille.

Schau genau!

Naschen die Wespen an süßen Getränken, Zuckerguss oder überreifen Früchten, so ist das Nahrung für die erwachsenen Tiere. Diese benötigen zuckerhaltige Nahrung als „Flugbenzin". Ihre Larven füttern sie mit erbeuteten Insekten und Fleischstückchen, die die Wespen mit ihren Mundwerkzeugen herausgeschnitten haben. Im Herbst sterben alle Wespen außer den Königinnen.

Die Wespe ist sehr häufig und kommt bei uns fast überall vor. Sie baut ihr Papiernest in dunkle Höhlungen, etwa in Mäuse- oder Maulwurfbauten, Komposthaufen, Hecken, Dachstühle, Rollläden- und Nistkästen.

Finger weg!

Wespen können stechen. Da die Tiere im Sommer gerne am Tisch lästig werden und auch in süße Getränke krabbeln, musst du sehr aufpassen!

Die Arbeiterin ist etwa 1,6 cm, die Königin etwa 2 cm lang.

Die Wespe fliegt von April bis Oktober.

Feb	Mär	Apr	Mai	Jun	Jul	Aug	Sep	Okt	Nov	Dez

Die Eichengallwespe

Die winzige schwarze Eichengallwespe ist an sich sehr unscheinbar und besitzt große Flügel. Auffallend hingegen sind die rund 2 cm großen, kugeligen, grünlich bis rötlichen Eichengallen auf den Unterseiten von Eichenblättern.

Schau genau!

Die kugelrunden Eichengallen sind die Kinderstuben der Larven. Die Gallen entstehen, wenn im Frühjahr das Weibchen ein Ei in ein frisches Eichenblatt legt. Um das Ei herum bildet sich die Eichengalle, darin wächst die Larve geschützt heran und frisst sich satt. Im Herbst fällt das Eichenblatt mit der Galle auf den Erdboden. Findest du Gallen mit einem kleinen Loch, hat die Larve ihr Kinderzimmer bereits verlassen.

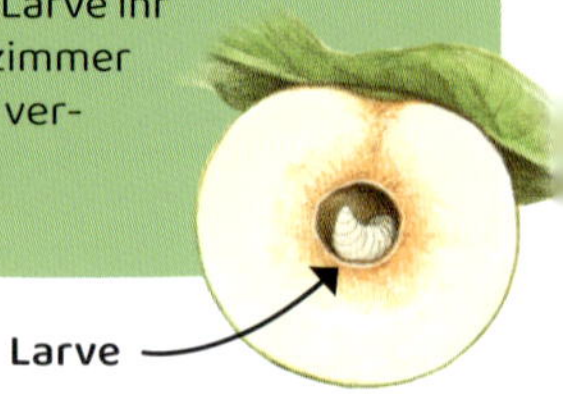

Eichengallen auf Eichenblättern

Eichengallwespen sind überall häufig, wo Eichen wachsen.

Die Eichengallwespe ist 3 bis 4 mm lang.

Die Eichengallwespe fliegt von November bis Juli.

Jan	Feb	Mär	Apr	Mai	Jun	Jul	Aug	Sep	Okt	Nov	Dez

Die Erdhummel

Brust und Hinterleib der dicht behaarten Erdhummeln sind gelb-schwarz gefärbt, das Hinterleibsende ist weiß.

Wichtig zu wissen!

Schon an den ersten sonnigen Frühlingstagen sind Hummeln unterwegs. Das sind die sehr großen Königinnen, die nun einen neuen Staat in Mäuse- oder Erdlöchern gründen. Hummeln sammeln Nektar und Blütenpollen und bestäuben viele Obstbäume. Der bis zu 600-köpfige Hummelstaat stirbt im Herbst, nur die Königinnen überleben.

Finger weg!

Auch die Arbeiterinnen der Hummeln können stechen. Sie tun das aber nur im äußersten Notfall.

Erdhummeln gibt es überall bei uns. Sie kommen auf blumenreichen Wiesen und brachliegenden Flächen vor, am Waldrand, in Parks und Gärten.

Die Arbeiterin ist etwa 1,7 cm, die Königin etwa 2,3 cm lang.

Die Erdhummel fliegt von März bis November.

Feb | Mär | Apr | Mai | Jun | Jul | Aug | Sep | Okt | Nov | Dez

Die Blattschneiderbiene

Der dunkle Körper der zierlichen Blattschneiderbiene ist gelblich behaart. Die Weibchen besitzen bürstenartige orangerote Haare auf der Unterseite des Hinterleibs, mit denen sie Pollen sammeln. Die Blattschneiderbiene zählt zu den Wildbienen.

Blattschneiderbienen kommen in verschiedenen Lebensräumen wie Feld- und Wiesenlandschaften, an Waldrändern und in Parks oder Gärten vor.

Schau genau!

Blattschneiderbienen verraten ihre Anwesenheit im Garten durch Löcher, die sie vom Rand her in Rosen- und andere Blätter schneiden. Mit den Blattstücken kleiden die Bienen ihre Niströhren aus, die sie in morsches Holz oder die Erde eines Blumentopfes genagt haben. Darin wachsen in einem Nektar-Pollen-Gemisch die Larven heran. Auch diesen Bienen kannst du mit einem Insektenhotel (siehe Seite 55) helfen.

Die Blattschneiderbiene ist 1,2 bis 1,6 cm lang.

Die Blattschneiderbiene fliegt von Juni bis September.

Jan	Feb	Mär	Apr	Mai	Jun	Jul	Aug	Sep	Okt	Nov

Die Rote Mauerbiene

Der dunkelbraune Körper der kleinen orangebraun behaarten Biene glänzt leicht metallisch grün. Die Wildbiene nimmt gern Nisthilfen an.

Mach mit!

Den Mauerbienen kannst du Nisthilfen anbieten, wenn du mit einem Bohrer 6 bis 7 mm große Löcher in einen Holzklotz bohrst. Diesen stellst du so an einen regengeschützten Platz auf dem Balkon oder im Garten, dass die Löcher waagerecht ausgerichtet sind. Schon im zeitigen Frühjahr füllen Mauerbienen die Löcher mit Pollen, legen Eier hinein und verstopfen die Öffnungen mit Lehm. Im nächsten Jahr kannst du dann die schlüpfenden Jungbienen beobachten.

Zu festen Bündeln verschnürte Bambusrohre und Schilfstängel sind auch eine gute Nisthilfe.

Rote Mauerbienen kommen häufig in Feld- und Wiesenlandschaften, am Waldrand und in Gärten vor.

Die Rote Mauerbiene ist 0,8 bis 1,3 cm lang.

Die Rote Mauerbiene fliegt von März bis Juni.

Feb | Mär | Apr | Mai | Jun | Jul | Aug | Sep | Okt | Nov | Dez

Die Honigbiene

Der braune Bienenkörper ist mit gelbbraunen Haaren besetzt, am Hinterleib kannst du gelbe Streifen erkennen. An den Hinterbeinen sitzen „Höschen“, in denen der Pollen transportiert wird.

Wichtig zu wissen!

Ein Bienenvolk besteht aus bis zu 60 000 Arbeiterinnen. Die Königin bleibt im Stock und legt Eier. Die Arbeiterinnen versorgen die Königin und die Larven, bauen neue Waben aus selbst gemachtem Bienenwachs, bewachen den Stockeingang und sammeln Nektar und Pollen. Tanzend teilen sich die Bienen untereinander im dunklen Stock mit, wo genau die Futterquelle liegt.

Bienentanz

Finger weg!

Die Arbeiterinnen der Honigbienen können schmerzhaft stechen. Für Menschen, die auf einen Bienenstich allergisch reagieren, besteht Lebensgefahr.

Honigbienen kommen überall vor. Sie sind Haustiere, die von Imkern in Bienenstöcken gehalten werden. Manchmal leben auch wilde Völker in Baumhöhlen.

Die Arbeiterin ist etwa 1,4 cm, die Königin etwa 2 cm lang.

Die Honigbiene fliegt das ganze Jahr über.

Jan | Feb | Mär | Apr | Mai | Jun | Jul | Aug | Sep | Okt | Nov

Die Blauschwarze Holzbiene

Die Blauschwarze Holzbiene ist die größte heimische Wildbienenart. Sie sieht wie eine große Hummel aus. Ihr schwarzer Körper und die schwarzen Flügel leuchten im Sonnenlicht bläulich.

Erstaunlich!

Mit ihren kräftigen Mundwerkzeugen beißt die Holzbiene tiefe Brutgänge in das harte Holz abgestorbener Obstbäume oder alter Balken. In die Gänge füllt sie Pollen und Nektar ein und legt ein Ei auf den Vorrat. Dann vermischt sie Holzspäne mit ihrem Speichel und zieht eine Zwischenwand ein. Davor trägt sie erneut einen Vorrat aus Pollen und Nektar ein und legt ein weiteres Ei. So entstehen in den Gängen mehrere Brutzellen hintereinander, in denen sich die nächste Generation von Holzbienen entwickelt.

Die Blauschwarze Holzbiene ist von Südeuropa zu uns eingewandert. Sie kommt am Waldrand, auf Streuobstwiesen und in Gärten warmer Gebiete vor, in denen Weinbauklima herrscht.

Die Blauschwarze Holzbiene ist 2 bis 2,8 cm lang.

Die Blauschwarze Holzbiene fliegt von Februar bis September.

Feb | Mär | Apr | Mai | Jun | Jul | Aug | Sep | Okt | Nov | Dez

Die Schwarzgraue Wegameise

Der ganze Körper ist dunkelbraun bis schwarz gefärbt und dicht mit ganz feinen silbrigen Härchen besetzt. Im Hochsommer fliegen die geflügelten Männchen und Königinnen aus, um sich zu paaren.

geflügeltes Männchen

Wichtig zu wissen!

Die Arbeiterinnen versorgen den ganzen Ameisenstaat. Sie bauen und verteidigen das unter Steinen oder Holz liegende Nest, füttern die Königin und Larven und gehen auf Nahrungssuche. Diese Ameise sucht gezielt nach Blattlauskolonien und „melkt" dort den süßen Blattlauskot.

Die Wegameise ist eine der häufigsten Ameisenarten, die es bei uns gibt. Fast immer ist es diese Art, wenn du auf einem Waldweg, im Garten, an einer Mauer oder sogar in der Wohnung eine kleine Ameise entdeckst.

Die Arbeiterin ist etwa 0,5 cm, die Königin etwa 0,9 cm lang.

Die Schwarzgraue Wegameise ist von März bis November unterwegs.

Jan | Feb | Mär | Apr | Mai | Jun | Jul | Aug | Sep | Okt | Nov

Die Rote Waldameise

Nur der Hinterkopf, die Beine und der Hinterleib sind schwarz gefärbt, der restliche Körper ist rot. Die Arbeiterinnen sind flügellos, die größeren Königinnen und Männchen tragen zum Hochzeitsflug im Sommer Flügel.

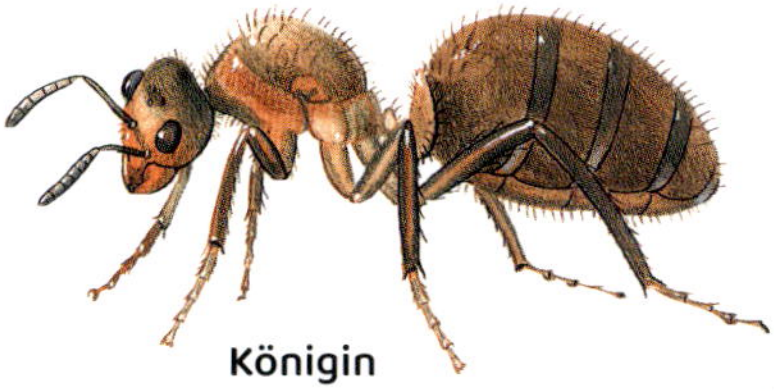

Königin

geflügeltes Männchen

Arbeiterin

Die häufige Rote Waldameise baut an sonnigen Stellen lichter Kiefern- oder Fichtenwälder ihre bis zu 1 m hohen Ameisenhaufen. Diese reichen wiederum mindestens ebenso tief in den Erdboden.

Erstaunlich!

Ein Staat der Roten Waldameise besteht aus bis zu einer Million Arbeiterinnen und vielen Königinnen. An einem einzigen Sommertag jagt so ein großes Volk bis zu 100 000 Beutetiere in der Umgebung des Nests. Darunter befinden sich auch viele Insekten, die als Forstschädlinge auftreten können, etwa die Raupen der Schmetterlingsarten Kiefernspinner oder Nonne.

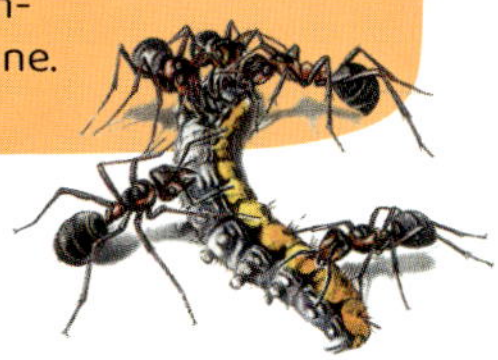

Finger weg!

Wenn sich Ameisen bedroht fühlen, verspritzen sie Ameisensäure. Die Säure ist für kleine Insekten tödlich, auf deiner Haut und in den Augen brennt sie unangenehm.

Die Arbeiterin ist etwa 0,9 cm, die Königin etwa 1,1 cm cm lang.

Die Rote Waldameise ist von März bis Oktober unterwegs.

Feb Mär Apr Mai Jun Jul Aug Sep Okt Nov Dez

Die Schnake

Die graubraunen Schnaken können dich wegen ihrer Größe, der langen Flügel und der dünnen, sehr langen Beine ganz schön erschrecken. Sie können aber weder stechen noch beißen. Ihre Mundwerkzeuge sind sogar zurückgebildet und eignen sich nur zum Trinken von Wasser oder Nektar.

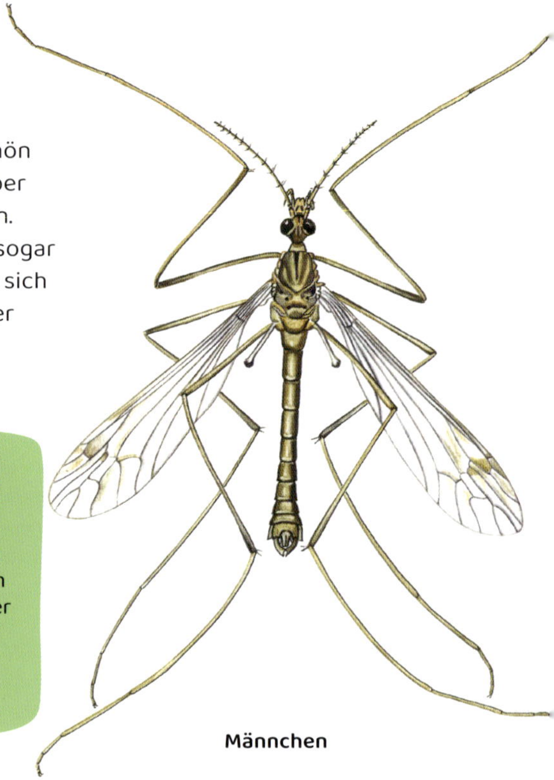

Männchen

Schau genau!

Der Hinterleib der Weibchen ist viel breiter als bei den Männchen und läuft in einer Spitze aus. Das ist der Legebohrer, mit dem sie ihre Eier in den feuchten Boden legen.

Schnaken sind recht häufig und kommen auf feuchten Wiesen, in Wäldern, gebüschreichen Landschaften und Gärten vor.

Die Schnake ist bis zu 3,7 cm lang.

Die Schnake fliegt von Mai bis August.

Jan	Feb	Mär	Apr	**Mai**	**Jun**	**Jul**	**Aug**	Sep	Okt	Nov

Die Stechmücke

Die Weibchen der schlanken hellbraunen Stechmücke besitzen einen langen Stechrüssel. Die Männchen erkennst du an den buschigen Fühlern, sie können nicht stechen.

Wichtig zu wissen!

Bevor die Stechmücken-Weibchen ihre 200 bis 300 Eier in Paketen auf dem Wasser ablegen, müssen sie einen Menschen oder ein Säugetier stechen und Blut saugen. Aus den Eiern schlüpfen die Larven, die meist an der Wasseroberfläche hängen. Dort verpuppen sie sich auch zur fertigen Stechmücke.

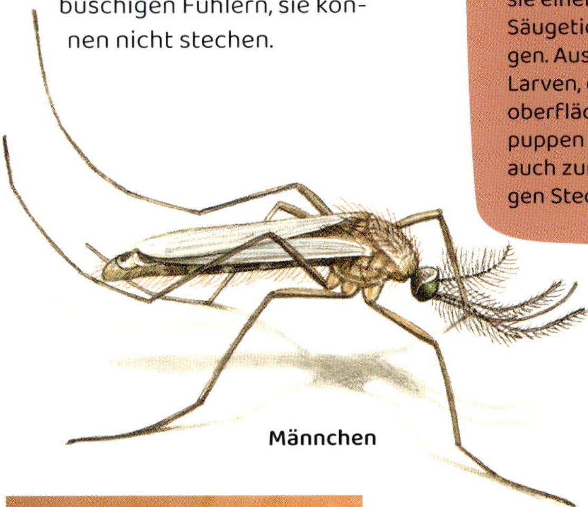

Männchen

Larven

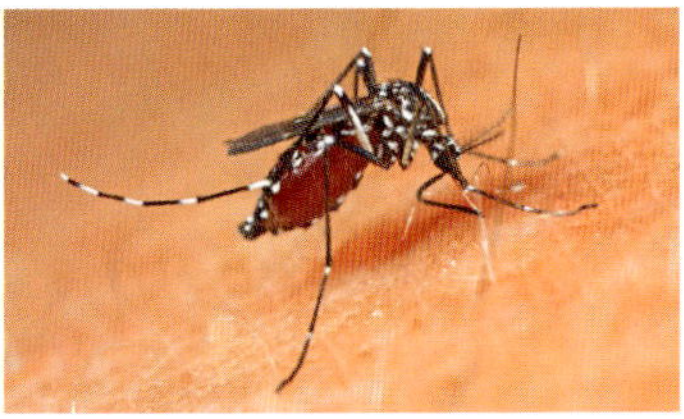

Die Asiatische Tigermücke erkennst du an den vielen weißen Streifen. Sie wurde ursprünglich aus China eingeschleppt.

Stechmücken sind überall dort zu finden, wo es stehendes Süß- oder Brackwasser gibt, aber auch in ruhigen Bereichen von Fließgewässern und in Mooren sowie auf feuchten Wiesen, in Regentonnen und gefüllten Gießkannen im Garten.

Die Stechmücke ist 4 bis 6 mm lang.

Die Stechmücke fliegt von März bis Oktober.

Feb | Mär | Apr | Mai | Jun | Jul | Aug | Sep | Okt | Nov | Dez

Die Hain-Schwebfliege

Auf den ersten Blick kann man die Hain-Schwebfliege wegen ihres schwarz-gelben Hinterleibs mit einer Wespe verwechseln. Auf den zweiten Blick erkennst du die typische Fliegengestalt mit großen Augen, zwei Flügeln und dem tupfenden Saugrüssel.

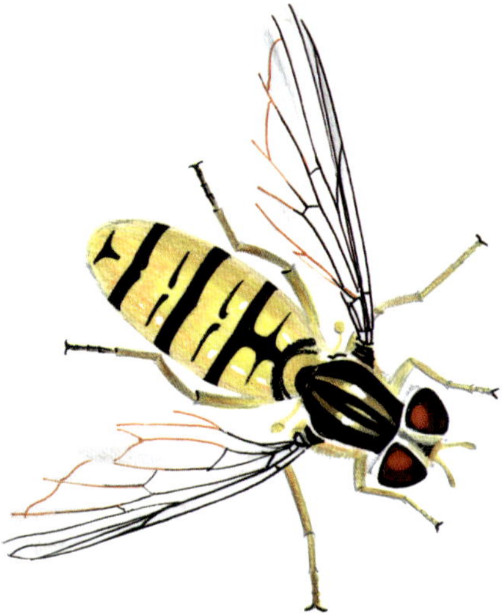

Wichtig zu wissen!

Mit der gelb-schwarzen Warnfärbung schrecken die harmlosen Hain-Schwebfliegen räuberische Fressfeinde wie Vögel oder Echsen ab. Schwebfliegen können im Schwirrflug in der Luft stehen bleiben. Während sich die erwachsenen Schwebfliegen von Nektar und Pollen ernähren, sind die Larven eifrige Blattlausjäger. Eine einzige Larve vertilgt in ihrer kurzen Entwicklungszeit bis zur Verpuppung mehrere hundert Blattläuse.

Larve

Schwebfliegen tauchen überall dort auf, wo es Blumen, Gebüsch und Bäume gibt.

Wespe

Die Hain-Schwebfliege ist 0,8 bis 1,2 cm lang.

Die Hain-Schwebfliege fliegt von Februar bis November.

Jan | Feb | Mär | Apr | Mai | Jun | Jul | Aug | Sep | Okt | Nov

Die Mistbiene

Obwohl sie aussieht wie eine Biene, ist die Mistbiene auch eine harmlose Schwebfliegenart. Das erkennst du an dem großen Kopf mit den typischen Fliegenaugen und an den Flügeln.

Schau genau!

Die Weibchen legen ihre Eier in Dung und andere stark verschmutzte feuchte Stellen. Aus den Eiern schlüpfen die Rattenschwanzlarven, die einen sehr langen „Rattenschwanz" besitzen. Das ist ein Schnorchel, der sich wie ein Teleskop ein- und ausfahren lässt und mit dem die Larven atmen.

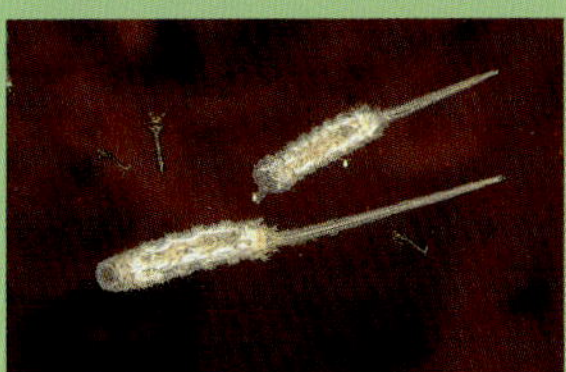

Die Mistbiene kommt überall dort vor, wo Blumen blühen. Die Larven entwickeln sich in Tümpeln, Schlamm, Jauche und Misthaufen. So kam sie auch zu ihrem Namen.

Die Mistbiene ist 1,4 bis 1,6 cm lang.

Die Mistbiene fliegt von Mai bis Juli.

Feb | Mär | Apr | Mai | Jun | Jul | Aug | Sep | Okt | Nov | Dez

Die Essigfliege

Die winzige gelbe Fliege mit der schwarzen Hinterleibsspitze besitzt auffallend rote Augen. Sie wird auch Frucht- oder Taufliege genannt.

Ursprünglich kam die Essigfliege nur in den warmen Gebieten rund um den Äquator vor. Heute gibt es sie weltweit. Bei uns lebt sie vor allem in Obstschalen und Biotonnen. Sie taucht im Sommer sofort auf, wenn überreife Früchte oder offener Wein in der Küche herumstehen.

Erstaunlich!

Essigfliegen vermehren sich bei warmen Temperaturen unglaublich schnell. Das Weibchen legt bis zu 400 Eier in gärendes Obst. Nach nur fünf Tagen Larvenzeit und vier Tagen Puppenruhe schlüpfen die neuen Essigfliegen. Wegen dieser raschen Vermehrung sind Essigfliegen beliebte Versuchstiere in der Genforschung.

Die Essigfliege ist etwa 0,2 cm lang.

Die Essigfliege fliegt von Mai bis September.

Jan | Feb | Mär | Apr | Mai | Jun | Jul | Aug | Sep | Okt | Nov

Der Wollschweber

Wegen seiner dichten pelzartigen Behaarung erinnert der braune Wollschweber mit dem sehr langen Saugrüssel an eine Hummel (daher heißt er auch „Hummelschweber"). Weil er aber nur zwei Flügel besitzt, ist er eher mit Mücken und Fliegen verwandt.

Der Wollschweber saugt mit dem langen Rüssel Nektar.

Der Wollschweber ist häufig an sonnigen Wald- und Wegrändern zu finden. Du kannst ihn aber auch im Garten entdecken.

Schau genau!

Wie ein kleiner Kolibri steht der wendige Wollschweber beim Nektarsaugen vor einer Blüte in der Luft. Er kann den langen Saugrüssel aber nicht wie ein Schmetterling einrollen, sondern er trägt ihn immer ausgestreckt. Das sieht vielleicht gefährlich aus, aber Wollschweber können nicht stechen.

Der Wollschweber ist 0,9 bis 1,2 cm lang.

Der Wollschweber fliegt von März bis Juni.

Jan | Feb | Mär | Apr | Mai | Jun | Jul | Aug | Sep | Okt | Nov | Dez

Die Goldfliege

Die Goldfliege sieht wie eine metallisch grün gefärbte Stubenfliege aus. Achte auf ihre großen roten Augen. Die Goldfliege ernährt sich von vielen Dingen, von Blütenpollen und Fallobst ebenso wie von Kot und verwesenden Tierkadavern.

Wichtig zu wissen!

Die Weibchen der Goldfliege legen ihre Eier meist an Aas ab, hin und wieder aber auch in offene Wunden von Tieren. Die schlüpfenden Larven fressen nämlich nur abgestorbenes Gewebe, zum Beispiel an toten Tierkörpern oder Wunden. Deshalb werden die Larven auch in der Medizin zur Säuberung von schlecht heilenden Wunden eingesetzt. Die Goldfliegenlarven entfernen das abgestorbene Gewebe viel schonender als die feinsten medizinischen Geräte. Eine saubere Wunde kann besser und schneller heilen.

Die Goldfliege kommt überall bei uns vor. Sie fliegt auch in Wohnungen und landet auf Speisen in der Küche und am Esstisch.

Die Goldfliege ist 7 bis 12 mm lang.

Die Goldfliege fliegt von April bis Oktober.

Jan	Feb	Mär	Apr	Mai	Jun	Jul	Aug	Sep	Okt	Nov	D

Die Stubenfliege

Die Brust der dunkelgrauen Fliege mit den durchsichtigen Flügeln ist längs gestreift, der Hinterleib orangebraun und schwarz. Auffallend sind die großen dunkelroten Augen.

Erstaunlich!

Stubenfliegen haben bemerkenswerte Fähigkeiten: Sie reagieren auf Bewegungen fünfmal schneller als ein Mensch. Sie können dank besonderer Haftlappen an den Füßen problemlos auf spiegelglatten senkrechten Flächen laufen und schmecken mit den Füßen.

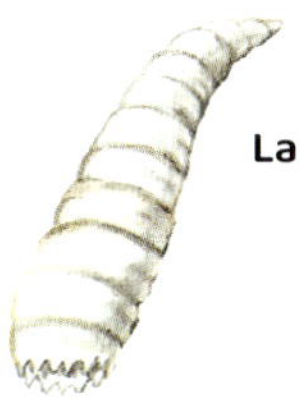

Larve

Puppe

Die Stubenfliege lebt überall. Sie ist nicht nur lästig, sondern kann Krankheitskeime auf unser Essen übertragen, weil sie auch auf Kot landet. Die madenförmigen weißen Larven entwickeln sich in faulenden Stoffen wie Essensresten, Kot oder Stallmist.

Die Stubenfliege ist etwa 1 cm lang.

Die Stubenfliege fliegt das ganze Jahr über.

Jan | Feb | Mär | Apr | Mai | Jun | Jul | Aug | Sep | Okt | Nov | Dez

Die Hirschlausfliege

Der Körper der glänzend braunen Fliege mit den langen Flügeln ist auffällig flach gedrückt. Ihre kräftigen Beine stehen seitlich ab und tragen kräftige Klauen. Wegen dieses Körperbaus ist es schwierig, die Tiere wegzuwischen, wenn einmal eine auf dir landen sollte.

Wichtig zu wissen!

Hirschlausfliegen sind blutsaugende Parasiten. Im Herbst schwärmen sie auf der Suche nach einem Wildtier aus. Finden sie ein Reh, Wildschwein, einen Hirsch oder Dachs, werfen sie ihre Flügel ab und krallen sich im Fell fest. Manchmal werden auch Pferde befallen. Die Tiere schlagen dann mit dem Kopf, schubbern sich und wirken nervös. Eine Spülung vom Tierarzt kann helfen.

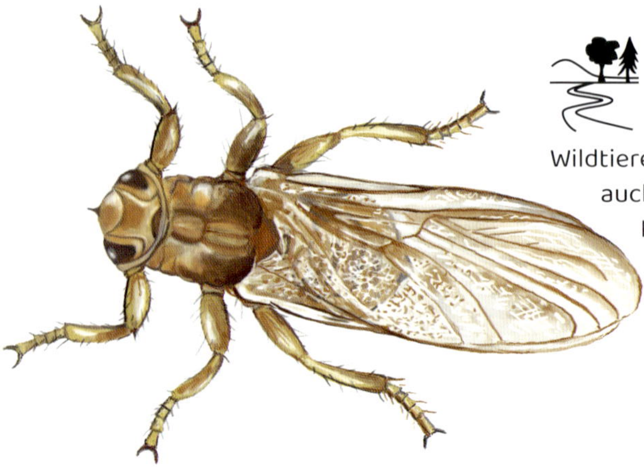

Die Hirschlausfliege gibt es vor allem in Wäldern, in denen Wildtiere leben. Sie kann aber auch Haustiere wie Pferde, Hunde und Katzen befallen.

Die Hirschlausfliege ist 0,5 bis 0,6 cm lang.

Die Hirschlausfliege fliegt im Oktober und November.

Jan | Feb | Mär | Apr | Mai | Jun | Jul | Aug | Sep | Okt | Nov | De

Das Silberfischchen

Der flache stromlinienförmige Körper des Silberfischchens ist mit silbrigen Schuppen besetzt. Am Kopf trägt es lange Fühler und am Hinterleibsende drei Schwanzfäden.

Das Silberfischchen lebt in warmen, feuchten Räumen wie zum Beispiel dem Badezimmer. Tagsüber versteckt es sich in engen Spalten am Fußboden oder hinter Tapeten und nachts geht es auf Nahrungssuche.

Wichtig zu wissen!

Sobald du nachts das Licht anmachst, verschwindet das harmlose Silberfischchen in seinem Versteck. Es ernährt sich von Papier und zuckerhaltigen Resten im Staub, aber auch von Schimmelpilzen und Hausstaubmilben. In manchen Regionen wird es Zuckergast genannt. Nur wenn Silberfischchen massenhaft vorkommen, können sie Tapeten beschädigen.

Das Silberfischchen ist etwa 1 cm lang.

Das Silberfischchen ist das ganze Jahr über unterwegs.

Jan | Feb | Mär | Apr | Mai | Jun | Jul | Aug | Sep | Okt | Nov | Dez

Der Grashüpfer

Die Grashüpfer mit ihren kurzen Fühlern sind sehr verschieden gemustert. Obwohl die Männchen längere und die Weibchen kürzere Flügel besitzen, können die Grashüpfer nicht fliegen. Die Weibchen sind größer als die Männchen.

Wichtig zu wissen!

Grashüpfer fallen durch ihren „Gesang" auf, den du bis zu 10 m weit hören kannst. Die Männchen erzeugen die Töne mit dem Sägekamm auf der Innenseite ihrer Hinterbeine. Reiben sie diese aneinander, erzeugen sie ein zirpendes Geräusch. Weibchen legen mit ihrem langen Legebohrer oder dem Hinterleibsende ihre Eier in den Boden.

Der Grashüpfer ist bei uns die häufigste Heuschrecke. Er kommt auf allen Wiesen vor, selbst auf den stark gedüngten Grünlandwiesen. Dort ist er oft die einzige Heuschreckenart.

Der Grashüpfer ist 1,3 bis 2,2 cm lang.

Der Grashüpfer ist von Juni bis November unterwegs.

Jan	Feb	Mär	Apr	Mai	Jun	Jul	Aug	Sep	Okt	Nov	D

Das Grüne Heupferd

Sehr lange Fühler, lange Flügel und eine grasgrüne Farbe – das sind die Merkmale, an denen du das Grüne Heupferd erkennst. Es gehört zu den größten heimischen Heuschrecken.
Die Weibchen tragen am Körperende einen langen Legebohrer, mit dem sie aber nicht stechen, sondern die Eier in den Boden legen.

Erstaunlich!

Bis zu 100 m weit ist der mechanisch klingende Gesang der Heupferd-Männchen zu hören. Er ertönt von mittags bis weit in die Nacht hinein – meist aus den Baumkronen, weil es dort wärmer ist als am Erdboden. Das Männchen ist kleiner als das Weibchen.

Durch seine grüne Farbe ist das Heupferd gut getarnt. Hier siehst du ein Männchen.

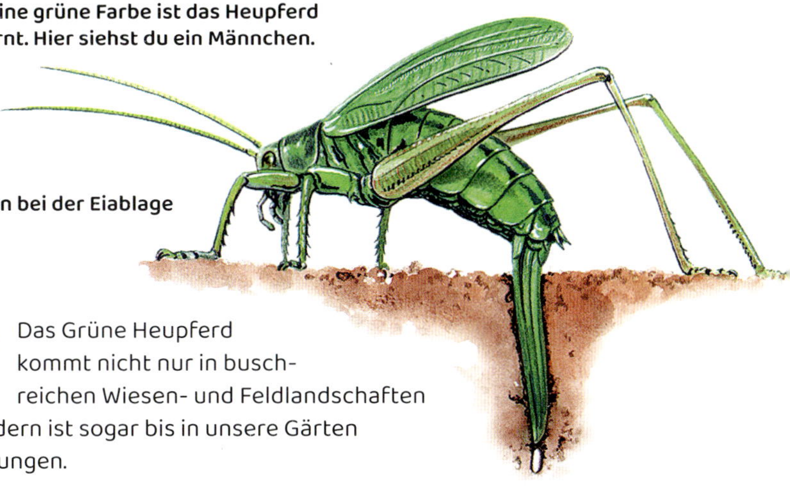

Weibchen bei der Eiablage

Das Grüne Heupferd kommt nicht nur in buschreichen Wiesen- und Feldlandschaften vor, sondern ist sogar bis in unsere Gärten vorgedrungen.

Das Grüne Heupferd ist bis zu 4 cm lang.

Das Grüne Heupferd ist von Juli bis Oktober unterwegs.

Jan	Feb	Mär	Apr	Mai	Jun	Jul	Aug	Sep	Okt	Nov	Dez

Die Feldgrille

Die schwarze Feldgrille besitzt einen dicken runden Kopf mit langen Fühlern. Ihre Beine sind sehr kräftig, die Flügel gelb gezeichnet.

Erstaunlich!

Das Männchen gräbt sich eine Höhle in den Boden und räumt vor dem Eingang einen kleinen Platz frei. Auf diesem sitzt es und reibt seine aufgestellten Flügel aneinander. Dabei erzeugt es ein lautes Zirpen, das bis zu 50 m weit zu hören ist und Weibchen anlockt. Bei der geringsten Störung verstummt die Feldgrille und verschwindet in der Höhle.

Sonnig-warme Wegränder, Heiden und ähnlich trockene Lebensräume sind die Heimat der Feldgrille. Sie kommt im südlichen Mitteleuropa häufiger vor als im nördlichen.

Die Feldgrille ist 2 bis 2,6 cm lang.

Die Feldgrille ist von Mai bis Juli unterwegs.

Jan | Feb | Mär | Apr | Mai | Jun | Jul | Aug | Sep | Okt | Nov | D

Die Maulwurfsgrille

An der Größe und den riesigen Grabschaufeln an den Vorderbeinen ist die Maulwurfsgrille leicht zu erkennen. Vor allem die Männchen geben im Boden laut trillernde und schnarrende Töne von sich, bei denen man aber kaum wahrnehmen kann, woher sie kommen.

Die Maulwurfsgrille lebt in lockeren Böden in Gewässernähe, auch in Gärten. In manchen Gebieten kommt sie häufig vor, allgemein ist sie aber recht selten geworden.

Wichtig zu wissen!

Wie ein Maulwurf gräbt sich die Maulwurfsgrille durch den Boden. Dabei kann sie vorwärts und rückwärts laufen. Obwohl sie sich vor allem von Insektenlarven ernährt, knabbert sie hin und wieder auch Pflanzenwurzeln an oder wühlt sich durch den lockeren Boden unter frisch gesetzten Pflanzen. Das mögen Gärtner nicht so gern.

Die Maulwurfsgrille ist 3,5 bis 5 cm lang.

Die Maulwurfsgrille ist das ganze Jahr über unterwegs.

Feb | Mär | Apr | Mai | Jun | Jul | Aug | Sep | Okt | Nov | Dez

Die Gottesanbeterin

Die meist grüne, manchmal aber auch braune Gottesanbeterin mit dem kleinen dreieckigen Kopf sitzt regungslos im Gebüsch. Dabei hält sie ihre großen, zu Fangarmen umgebildeten Vorderbeine wie betende Hände vor der Brust – daher ihr Name.

Erstaunlich!

Die Gottesanbeterin kann blitzschnell reagieren: Wenn sich der gut getarnten Fangschrecke eine ahnungslose Heuschrecke oder ein anderes Insekt nähert, wird es sofort mit den starken, dornenbesetzten Fangarmen wie mit einem Klappmesser ergriffen. Dann zerteilt die Gottesanbeterin die Beute mit ihren kräftigen Mundwerkzeugen und frisst sie auf.

Die Gottesanbeterin kommt bei uns nur in besonders warmen, gebüschreichen Gebieten vor, so etwa im Oberrheintal, in der Südschweiz, in Südtirol und im östlichen Österreich.

Die Gottesanbeterin ist 4,5 bis 7,5 cm lang.

Die Gottesanbeterin ist von August bis November unterwegs.

Jan | Feb | Mär | Apr | Mai | Jun | Jul | Aug | Sep | Okt | Nov

Die Waldschabe

An sonnigen, noch kühlen Vormittagen ruht die braune Waldschabe auf Blättern, um sich zu wärmen. Meist bewegt sie sich aber flink durch die Laubschicht am Boden und tastet mit den langen Fühlern dabei ständig ihre Umgebung ab. So sucht die Waldschabe nach sich zersetzenden Pflanzen, von denen sie sich ernährt.

Wichtig zu wissen!

Bei Schaben denkt man oft an Ungeziefer. Hat man die äußerlich ähnliche Deutsche Schabe im Haus, kann das auch schnell mal unangenehm werden. Sie ist ein Vorratsschädling. Du kannst sie gut durch die beiden dunklen Längsstreifen auf dem Rücken erkennen, diese fehlen der Waldschabe.

Die häufige Waldschabe lebt vor allem an Waldrändern, auf Waldlichtungen und unter Gebüsch, aber auch in Gärten. Du findest sie niemals in Gebäuden.

Die Waldschabe ist 0,7 bis 1,1 cm lang.

Die Waldschabe ist von Mai bis Oktober unterwegs.

Feb | Mär | Apr | Mai | Jun | Jul | Aug | Sep | Okt | Nov | Dez

Die Wiesenschaumzikade

Der breit ovale, geflügelte Körper zeigt eine große Vielfalt von Mustern in Braun-, Rot-, Grau- und Schwarztönen. Auffällig sind die weißen Schaumbällchen an Pflanzenstängeln, die wie hingespuckt aussehen. Darin wächst die Larve heran.

Schau genau!

Schon im Herbst legt das Zikadenweibchen seine Eier in kleine Stängelritzen. Wenn im Frühjahr die Larve schlüpft, scheidet sie eine eiweißhaltige Flüssigkeit aus und pumpt Luft hinein. So entsteht das Schaumnest, in dessen Inneren die Larve geschützt heranwachsen und Pflanzensaft saugen kann. Der Schaum ist sogar regenfest.

Die Wiesenschaumzikade gibt es in Gärten und auf allen Wiesen und Feldern. Sie saugt den süßen Pflanzensaft von über 170 verschiedenen Gräsern und Wiesenkräutern.

Die Wiesenschaumzikade ist 0,5 bis 0,7 cm lang.

Die Wiesenschaumzikade ist von Juli bis Oktober unterwegs.

Jan | Feb | Mär | Apr | Mai | Jun | Jul | Aug | Sep | Okt | Nov

Die Eintagsfliege

Die Eintagsfliegen sind eine große Gruppe mit sehr vielen Arten. Am schlanken Körper sitzen die großen, aderreichen Flügel, die in Ruhe senkrecht nach oben geklappt werden. Am Hinterleib befinden sich drei lange Schwanzfäden. Die Männchen erkennst du an den sehr langen Vorderbeinen, die schräg nach oben ragen.

Männchen

Wichtig zu wissen!

Eintagsfliegen können nichts fressen und leben nur zwei bis vier Tage. Die Männchen kannst du abends über Gewässern in der Luft „tanzen" sehen. Nach der Paarung legen die Weibchen ihre Eier ins Wasser und sterben. Die Larve lebt bis zu drei Jahre am Gewässerboden. Dann steigt sie an die Wasseroberfläche und häutet sich zum fertigen Insekt.

An sauberen Bächen ist die Eintagsfliege ziemlich häufig. Sie bleibt stets in der Nähe eines Gewässers, in dem die Larven heranwachsen.

Eintagsfliegen sind 3 bis 4,5 cm lang.

Eintagsfliegen fliegen von Mai bis September.

Feb | Mär | Apr | Mai | Jun | Jul | Aug | Sep | Okt | Nov | Dez

Die Köcherfliege

Die Köcherfliegen sind eine große Gruppe mit vielen Arten. Eine sitzende Köcherfliege hält ihre unauffällig gefärbten, fein behaarten Flügel dachförmig über dem Rücken. Sie besitzt feine, lange Fühler.

Erstaunlich!

Dieses Insekt verdankt seinen Namen den Larven, die am Gewässergrund in einem Köcher leben. Den Köcher bauen sie selbst aus Sand, kleinen Schneckenhäuschen, Pflanzenstängeln und anderen Baumaterialien. Er schützt die Larven, die sich von zerfallenden Pflanzenteilchen ernähren, vor räuberischen Fischen.

Wichtig zu wissen!

Gewässer, in denen du Köcherfliegenlarven findest, sind besonders sauber. Wissenschaftler messen die Wasserqualität daher auch mithilfe von Köcherfliegenlarven.

Köcherfliegen bleiben stets in der Nähe des Gewässers (Bach, Fluss, Teich, See), in dem die Larven heranwachsen.

Köcherfliegen sind 1 bis 1,4 cm lang.

Köcherfliegen fliegen von Mai bis Oktober.

Jan | Feb | Mär | Apr | Mai | Jun | Jul | Aug | Sep | Okt | Nov

Die Florfliege

Der grüne, schlanke Körper der zarten Florfliege trägt durchsichtige, grün geäderte Flügel, die viel länger als der Körper sind. Die Flügelspannweite misst bis zu 3 cm. Florfliegen werden aufgrund ihrer Augenfarbe auch als Goldaugen bezeichnet.

Die Florfliege ist sehr häufig. Sie lebt in Gärten und Parks, fliegt manchmal auch in Wohnungen oder Häuser.

Schau genau!

Florfliegen legen ihre weißen Eier, die wie Luftballons an feinen Stielen kleben, in der Nähe von Blattläusen ab. Daraus schlüpfen braune, schlanke Larven, die gefährliche Blattlausjäger sind. Sie ergreifen ihre Beute mit ihren zangenartigen Mundwerkzeugen und saugen sie aus. Die leeren Körperhüllen der Blattläuse kleben sie zur Tarnung auf ihren Rücken.

Die Florfliege ist 1 bis 1,5 cm lang.

Die Florfliege fliegt das ganze Jahr über.

Feb | Mär | Apr | Mai | Jun | Jul | Aug | Sep | Okt | Nov | Dez

Der Ohrwurm

Die langen braunen Ohrwürmer tragen am Hinterleibsende Zangen: Das Männchen erkennst du an den großen, nach innen gebogenen Zangen, beim Weibchen sind sie kleiner und gerade. Auf dem Rücken fallen die kurzen Deckflügel auf.

Männchen (oben) und Weibchen mit Eiern und Larve (unten)

Mach mit!

Wenn du in einen Obstbaum einen mit Holzwolle gefüllten Blumentopf hängst (mit der Öffnung nach unten), bietest du den Ohrwürmern ein gutes Tagesversteck an. Bei Nacht gehen sie dann im Obstbaum auf Jagd nach Blattläusen. Am Boden sind sie nicht so beliebt, weil sie auch zarte Pflänzchen fressen.

Finger weg!

Die Männchen können mit den Zangen am Hinterleib kräftig zwicken.

Der Ohrwurm lebt überall zwischen Pflanzen, in Ritzen und Spalten. Besonders gern hält er sich in Gärten und auf Terrassen auf.

Der Ohrwurm ist 1 bis 1,6 cm lang.

Der Ohrwurm ist das ganze Jahr über unterwegs.

Jan | Feb | Mär | Apr | Mai | Jun | Jul | Aug | Sep | Okt | Nov

Die Blattlaus

Die rundlichen Blattläuse sind bleigrau bis dunkelgrün gefärbt. Geflügelte Läuse, die auf eine andere Pflanze übersiedeln können, wechseln sich mit ungeflügelten Exemplaren ab. Bei uns gibt es etwa 850 verschiedene Blattlausarten, die jeweils auf bestimmten Pflanzen vorkommen.

Distelblattlaus

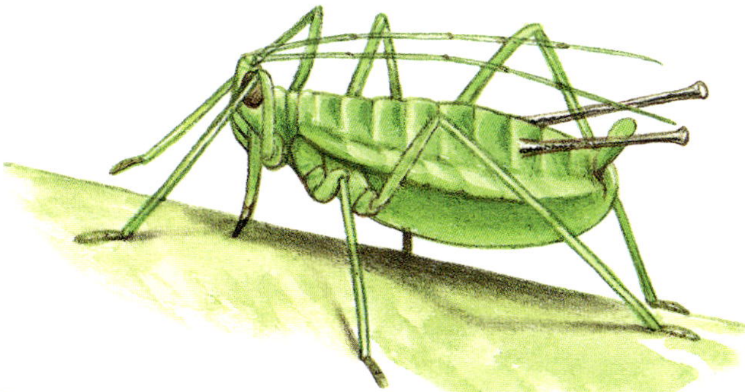

Erstaunlich!

Im Frühjahr vermehren sich Blattläuse in rasantem Tempo. Sie bilden dichte Kolonien auf jungen Pflanzenteilen, an denen sie saugen. Dabei scheiden sie süßen Honigtau aus, der Ameisen und in Nadelwäldern auch Bienen anlockt.

Blattläuse gibt es sehr oft, sie kommen an jungen Strauchzweigen und Pflanzenteilen vor, auch an Zimmerpflanzen.

Die Blattlaus ist 0,15 bis 0,35 cm lang.

Blattläuse sind von Mai bis September unterwegs.

Feb | Mär | Apr | Mai | Jun | Jul | Aug | Sep | Okt | Nov | Dez

Die Zitterspinne

Wegen ihrer sehr langen, dünnen Beine wirkt die hellgraue Zitterspinne trotz des kleinen Körpers recht groß.

Wichtig zu wissen!

Zitterspinnen sind dankbare Helfer bei der Bekämpfung von Stechmücken. Sie bauen ihre „unordentlichen" Netze in die Ecken der Zimmerdecke. Fühlen sie sich bedroht, versetzen sie ihr Netz in zitternde Schwingungen. So machen sie sich unsichtbar für ihre Fressfeinde.. Zitterspinnen können bis zu drei Jahre alt werden.

Zitterspinne mit Beute (oben) und Eiern (unten)

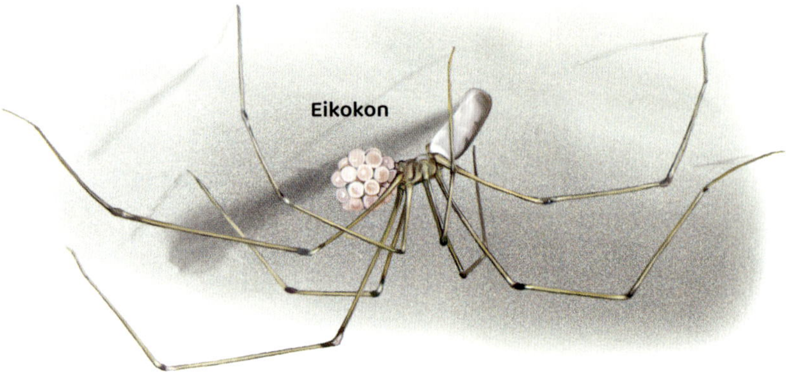

Die Zitterspinne ist sehr häufig und kommt bei uns nur in Gebäuden vor.

Der Körper der Zitterspinne ist nur 0,7 bis 1,2 cm lang.

Die Zitterspinne ist das ganze Jahr über unterwegs.

Jan | Feb | Mär | Apr | Mai | Jun | Jul | Aug | Sep | Okt | Nov

Die Gartenkreuzspinne

Auf dem dicken Hinterleib der Spinne, der hellbraun, rotbraun bis schwarz sein kann, leuchtet die weiße Kreuzzeichnung, der sie ihren Namen verdankt. Die Weibchen sind deutlich größer als die Männchen.

Wichtig zu wissen!

Die Gartenkreuzspinne baut jeden Tag an derselben Stelle ein neues Netz aus klebrigen Fang- und nicht klebrigen Lauffäden. Hat sich ein Insekt im Netz verfangen, eilt sie blitzschnell herbei und lähmt es mit einem giftigen Biss. Das Gift löst auch das Körperinnere der Beute auf. Hat die Spinne Hunger, saugt sie sie direkt aus, ansonsten lässt sie die eingewickelte Beute für später hängen.

Die Gartenkreuzspinne ist eine der häufigsten und auch auffälligsten Spinnen bei uns. Sie kommt in Wäldern, Gärten und im Gebüsch von Feld- und Wiesenlandschaften vor.

Der Körper der Gartenkreuzspinne ist 1 bis 2 cm lang.

Die Gartenkreuzspinne ist von Juli bis Oktober unterwegs.

Feb | Mär | Apr | Mai | Jun | Jul | Aug | Sep | Okt | Nov | Dez

Die Hausspinne

Auf dem Hinterleib der graubraunen Spinne erkennst du gelbbraune Zickzacklinien. Ihre Beine können Spannweiten von bis zu 8 cm erreichen.

Mach mit!

Hausspinnen sind nachtaktiv. Während die Weibchen in ihren Trichternetzen bleiben, ziehen die kleineren Männchen auf der Suche nach Weibchen umher. Geraten sie dabei in ein Waschbecken, so sind sie gefangen. Sie können die glatten Wände nicht hochklettern. Befreie die Spinne, sie ist eine begnadete Insektenjägerin. Keine Angst, sie kann dir überhaupt nichts tun!

Die Hausspinne kommt häufig in Kellern vor. Sie lebt auch an Felsen und Mauern. Wenn es kälter wird, ziehen sich die Tiere oft in menschliche Behausungen zurück.

Der Körper der Hausspinne ist 1 bis 2 cm lang.

Die Hausspinne ist das ganze Jahr über unterwegs.

Jan | Feb | Mär | Apr | Mai | Jun | Jul | Aug | Sep | Okt | Nov

Die Wolfspinne

Körper und Beine der Wolfspinne sind dunkel- und hellbraun gestreift. Im Sommer tragen die Weibchen eine hellgraue oder grünliche Kugel an den Spinnwarzen (siehe Bild unten). Das ist der sogenannte Eikokon, der ihre Eier enthält. Sind die kleinen Spinnen geschlüpft, reiten sie noch eine Weile auf dem Rücken ihrer Mutter.

Wolfspinnen leben sehr häufig in der Laubstreu in lichten Wäldern. Auch an sonnigen Wegrändern und in Gärten kannst du sie beobachten.

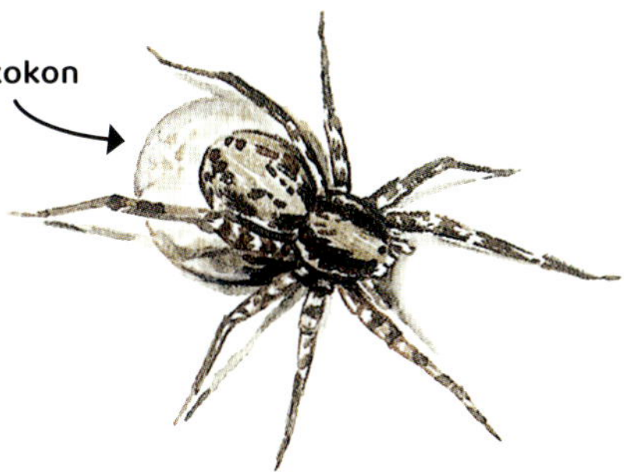

Schau genau!

Erkennst du vorne die vier großen und die vier kleinen Augen? Wolfspinnen jagen ohne Netz. Nähert sich ein kleines Insekt, greift die Wolfspinne blitzschnell zu.

Die Wolfspinne ist etwa 1 cm groß.

Die Wolfspinne ist von April bis September unterwegs.

Feb | Mär | Apr | Mai | Jun | Jul | Aug | Sep | Okt | Nov | Dez

Die Zebra-Springspinne

Diese kleine Spinne mit den kurzen, kräftigen Beinen ist wie ein Zebra schwarz-weiß gestreift. Zwei ihrer acht Augen sind sehr groß.

stark vergrößerte Augen

Die Zebra-Springspinne kommt häufig in Wohnungen, auf Fensterbänken und an Hauswänden vor. Auch an Baumstämmen, Zaunpfählen, Felsen und anderen senkrechten Flächen kannst du sie entdecken.

Erstaunlich!

Springspinnen können hervorragend sehen. Fliegen und andere Beutetiere finden sie allein mit ihrem Sehsinn. Dann pirscht sich die Spinne langsam heran und überwältigt die Beute mit einem raschen Sprung. Zuvor hat sie noch einen Sicherheitsfaden als Absturzschutz am Untergrund befestigt.

Die Zebra-Springspinne ist 0,5 bis 0,7 cm lang.

Die Zebra-Springspinne ist das ganze Jahr über unterwegs.

Der Weberknecht

Der Weberknecht ist keine echte Webspinne, denn sein brauner Körper besteht nur aus einem Teil. Da ihm die Spinnwarzen fehlen, kann er keine Netze spinnen. Auffallend sind die acht extrem langen, sehr dünnen Beine. Es gibt viele verschiedene Arten von Weberknechten.

Der Weberknecht lebt in den Pflanzen und Sträuchern der Wälder, kommt aber häufig auch in Gärten und an Hauswänden vor.

Kleiner Körper, lange Beine – daran ist der Weberknecht gut zu erkennen.

Wichtig zu wissen!

Einen Weberknecht darfst du nicht in ein Glas oder eine Becherlupe einsperren: Wenn er sich bedroht fühlt, sondert er ein stinkendes Sekret ab, damit würde er sich in einem geschlossenen Behältnis selbst betäuben. Außerdem brechen seine Beine rasch ab und zucken noch eine Weile, um Vögel und andere Fressfeinde zu verwirren. Dies ermöglicht dem Weberknecht die Flucht.

Der Körper des Weberknechts ist 0,5 bis 2 cm lang.

Der Weberknecht ist von Juni bis Dezember unterwegs.

Feb | Mär | Apr | Mai | Jun | Jul | Aug | Sep | Okt | Nov | Dez

Die Zecke

Der flache braune Körper mit acht schwarzen Beinen erinnert an einen Apfelkern. Du erkennst das Weibchen am rotbraunen Hinterleib. Erwachsene Tiere haben acht Beine, junge Larven hingegen nur sechs.

Schau genau!

Warst du querfeldein unterwegs, suche danach deinen ganzen Körper sorgfältig nach Zecken ab. Sie sitzen auf niedrigen Pflanzen und werden von deiner Kleidung abgestreift. Dann suchen sie bei dir eine geeignete Stelle zum Blutsaugen. Bevor sie ihren Rüssel in die Haut bohren, betäuben sie die Stelle. Darum spürst du nichts.

Zecke vor dem Saugen

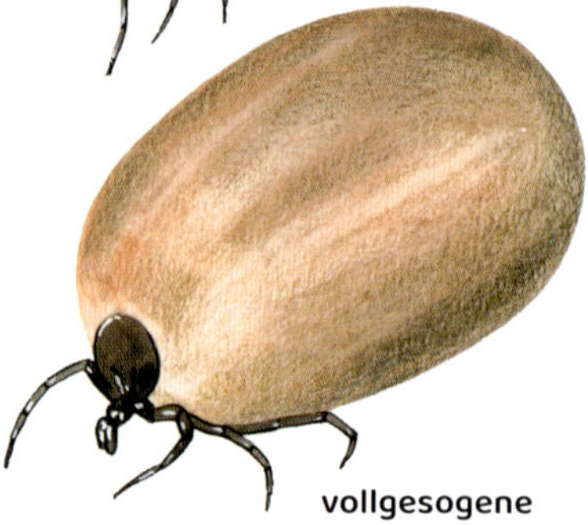

vollgesogene Zecke

Wichtig zu wissen!

Meist richtet ein Zeckenbiss keinen Schaden an. In manchen Regionen können aber gefährliche Krankheitserreger durch den Zeckenspeichel übertragen werden. Darum trage am besten lange T-Shirts und Hosen sowie geschlossene Schuhe, wenn du in Wald und Wiese unterwegs bist.

Zecken sind häufig und kommen in feuchten Wäldern und Wiesen, in Parks und Gärten vor.

Die Zecke ist 0,2 bis 0,4 cm, vollgesogen bis zu 1 cm lang.

Die Zecke ist von März bis Oktober unterwegs.

Jan | Feb | Mär | Apr | Mai | Jun | Jul | Aug | Sep | Okt | Nov

Die Kellerassel

Der dunkle ovale Körperpanzer besteht aus vielen Segmenten. Vorne erkennst du die langen, gegliederten Fühler. Asseln besitzen sieben Laufbeinpaare.

Wichtig zu wissen!

Asseln sind keine Insekten und auch keine Spinnen, sondern Krebstiere. In den vorderen Beinen liegen Hohlräume, mit denen die Asseln Sauerstoff aus der Luft aufnehmen können. Die Weibchen besitzen am Bauch eine wassergefüllte Bruttasche, in der die Eier aufbewahrt werden und die Larven heranwachsen.

Die Kellerassel lebt an feuchten, dunklen Plätzen in Siedlungen (dort zum Beispiel im Komposthaufen) und Laubwäldern. Sie hält sich versteckt unter Falllaub, Steinen oder loser Baumrinde auf.

Die Kellerassel ist 1,5 bis 1,8 cm lang.

Die Kellerassel ist das ganze Jahr über unterwegs.

Feb Mär Apr Mai Jun Jul Aug Sep Okt Nov Dez

Der Schnurfüßer

Wenn du ganz genau hinschaust, erkennst du, dass der braune bis schwarze, runde Körper aus vielen Ringen besteht. Jeder Ring trägt zwei Beinpaare. Bei jeder Häutung kommt ein neuer Ring mit Beinen hinzu. Man nennt Schnurfüßer auch Tausendfüßer. Unsere längsten Tausendfüßer bestehen aus 70 Ringen.

Wichtig zu wissen!

Tausendfüßer fressen abgestorbene Pflanzenteile und die Reste toter Tiere. Wenn sie sich bedroht fühlen, rollen sie sich zu einer flachen Spirale zusammen. Sie können auch eine stinkende Flüssigkeit versprühen, die bei einigen der rund 50 heimischen Arten hochgiftige Blausäure enthält.

Der nachtaktive Schnurfüßer lebt im Falllaub der Wälder und unter der losen Rinde von Bäumen. Auch unter Steinen kannst du ihn finden. Manche Exemplare kommen über offene Türen auch in Hausflure oder Keller.

Schnurfüßer bewegen sich geradlinig fort.

Der Schnurfüßer ist bis zu 5 cm lang.

Der Schnurfüßer ist das ganze Jahr über unterwegs.

Jan | Feb | Mär | Apr | Mai | Jun | Jul | Aug | Sep | Okt | Nov

Der Steinläufer

Der rotbraune Körper ist sehr flach und besteht aus 15 Segmenten, die je ein Beinpaar tragen. Das letzte Beinpaar ist sehr lang. Hier sitzen Drüsen, die ein klebriges Sekret absondern. Damit „fesseln" die Steinläufer ihre Beute. Am Kopf sitzen lange Fühler.

Der Steinläufer kommt häufig an feuchten Stellen auf Wiesen und in Wäldern, Parks und Gärten vor. Tagsüber versteckt er sich in morschem Holz, unter Steinen oder Baumrinde.

Finger weg!

Nachts geht der Steinläufer auf Jagd. Mit seinen langen Fühlern tastet er die Umgebung ab. Berührt er ein Beutetier, beißt er sofort mit den kräftigen Giftklauen zu. Dann zerkleinert er die gelähmte Beute mit seinen Mundwerkzeugen und frisst sie auf. Für uns ist der Biss nicht giftig, aber er kann unangenehm zwicken.

Der Steinläufer ist 2 bis 4 cm lang.

Der Steinläufer ist das ganze Jahr über unterwegs.

Feb Mär Apr Mai Jun Jul Aug Sep Okt Nov Dez

So wirst du zum Insekten-Experten!

Hast du schon einmal einen Marienkäfer beobachtet, wie er eine Blattlaus erbeutet? Einer Raupe beim Fressen zugeschaut oder einer Spinne beim Jagen? Nein? Dann nichts wie raus! Insekten, Spinnen und andere Krabbeltiere leben überall und können ganz leicht entdeckt werden. Hast du eine **Lupe** oder **Becherlupe** zur Hand, kannst du sie noch besser betrachten.

Insekten findest du:

- auf Blüten, auf und unter Blättern sowie an Stängeln von Pflanzen
- im Falllaub auf dem Waldboden und zwischen den Pflanzen im Garten
- unter Steinen, Blumentöpfen und in anderen Verstecken

Erstaunlich!

Bei uns leben über 30 000 verschiedene Insektenarten und über 850 verschiedene Spinnenarten!

Mit der Becherlupe kannst du die Tiere auch leicht fangen. Entweder hältst du die Becherlupe unter das Tier und rüttelst kurz an dem Pflanzenteil, auf dem es sitzt. Oder du stülpst die Becherlupe darüber und schiebst ein dünnes Blatt Papier zwischen Untergrund und Becherlupenrand – schon ist das Tier gefangen.

Wichtig zu wissen!

Insekten, Spinnen und andere Krabbeltiere sind kleine, zarte Lebewesen. Wenn du grob mit ihnen umgehst, kannst du sie leicht verletzen oder gar töten. Fange oder fasse die Tiere stets sehr vorsichtig und behutsam an. Und setze sie dann wieder unverletzt dort ab, wo du sie gefunden hast.

Geh immer behutsam mit Insekten um, hier einem Grünen Heupferd.

Mach mit!

Viele Insekten stehen auf Gelb!
Das hast du vielleicht schon erfahren, wenn du ein gelbes T-Shirt getragen hast: Mücken, Fliegen, Schmetterlinge, Wespen, Bienen und andere Insekten wurden magisch davon angezogen. Wenn du draußen ein gelbes Blatt Papier auslegst, lockt das viele Insekten an – die kannst du leicht beobachten. Lege das Blatt Papier an unterschiedlichen Stellen aus – im Garten, auf der Wiese, im Wald – und beobachte, welche Insekten angelockt werden. Lass das Papier aber nicht draußen liegen, sondern nimm es wieder mit.

Eine Lichtquelle wie diese lockt viele Nachtfalter an.

Mach mit!

Nachtfalter entdecken: Die Hausmutter verirrt sich gern in beleuchtete Zimmer, andere Nachtfalter kannst du auch im Schein der Straßenlampen sehen. Für eine Lichtfalle im Garten hängst du eine brennende Taschenlampe mit einer Schnur an einem Ast auf. Dann spannst du ein weißes Tuch in den Lichtkegel der Taschenlampe. Dazu befestigst du das Tuch an den Ecken in den Ästen. Die Nachtfalter sammeln sich nun auf dem weißen Tuch. Wie viele verschiedene Nachtfalter kannst du entdecken? Kennst du ihre Namen? Mach danach die Taschenlampe wieder aus, damit die Nachtfalter wieder auf Nahrungs- oder Partnersuche gehen können.

Vom Ei zum fertigen Insekt

Insekten schlüpfen nicht als fertige erwachsene Tiere aus dem **Ei,** sondern als **Larve.** Die Larve ist zunächst sehr klein und muss ständig fressen. Um zu wachsen, muss sie sich immer wieder häuten.

Es gibt zwei verschiedene Möglichkeiten, wie aus der Larve ein erwachsenes Insekt wird. Biologen nennen die Entwicklung der Insekten **Verwandlung** oder **Metamorphose.**

Wichtig zu wissen!

Die Larven der Insekten sehen verschieden aus und haben auch unterschiedliche Namen.

- Maden: beinlose weiße Larven der Fliegen und Wespen; werden von Arbeiterinnen gefüttert
- Raupen: Larven der Schmetterlinge mit kräftigen Mundwerkzeugen und Beinen, fressen selbst
- Engerlinge: Larven der Blatthornkäfer wie Maikäfer, Junikäfer; liegen halbkreisförmig eingerollt im Erdboden.

Made

Schau genau!

Bei den Feuerwanzen kannst du die unvollständige Verwandlung sehr gut beobachten. Wenn du im Sommer eine Kolonie dieser Wanzen entdeckt hast, fällt dir sicher auf, dass die Tiere unterschiedlich groß sind. Auch das rot-schwarze Muster auf ihrem Körper wandelt sich von Häutung zu Häutung.

Die unvollständige Verwandlung
Bei Libellen, Wanzen, Heuschrecken und Eintagsfliegen wird die Larve von Häutung zu Häutung dem erwachsenen Tier ähnlicher. Mit der letzten Häutung erscheinen die Flügel und die Geschlechtsorgane.

Die vollständige Verwandlung
Schmetterlinge, Käfer, Bienen, Wespen, Hummeln und Ameisen sowie Zweiflügler wie Mücken und Fliegen machen eine vollständige Verwandlung durch. Die Larve wird nicht mit jeder Häutung dem erwachsenen

Insekt ähnlicher, sondern legt am Ende der Larvenentwicklung eine Umbauphase ein. Das ist das Puppenstadium. In der Puppe ruht die Larve, denn ihr Körper wird nun zum fertigen Insekt umgebaut.

Larve Puppe Insekt

Erstaunlich!

Bei vielen Insekten dauert das Larvenstadium viel länger als ihr Leben als fertiges Insekt. Beim Hirschkäfer zum Beispiel, dem größten heimischen Käfer, braucht die Larve sieben Jahre, bis sie sich verpuppen kann. Die erwachsenen Hirschkäfer leben dann nur wenige Monate. Bei den Eintagsfliegen dauert das Leben als Larve zwei Jahre und das als fertiges Insekt nur zwei bis vier Tage. Viele Insekten nehmen keine Nahrung mehr zu sich, alle erwachsenen Insekten wachsen nicht mehr. Ihre Aufgabe ist es, einen Partner zu finden, sich zu paaren und Eier zu legen.

Mach mit!

Ab Mai findest du die schwarzen Raupen vom Kleinen Fuchs und vom Tagpfauenauge auf Brennnesseln. Pflücke einen Brennnesselzweig mit zwei oder drei Raupen und stelle den Zweig ins Wasser in einem Terrarium. Verschließe das Wasserglas mit Watte, damit keine Raupe ins Wasser fallen kann. Dann stellst du es an einen hellen, aber nicht sonnigen Platz. Pflücke täglich neue Brennnesselzweige, damit die Raupen immer genügend zu fressen haben. Wenn die Raupen auf die frischen Blätter gewandert sind, entfernst du die alten Zweige. Nun kannst du beobachten, wie die Raupen fressen, mit jeder Häutung größer werden und sich eines Tages verpuppen. Zwei Wochen später schlüpfen die Schmetterlinge, die du dann natürlich sofort nach draußen in die Freiheit entlässt.

Insekten im Wasser

An und in Bächen und Flüssen, Teichen und Seen wimmelt es nur so von Insekten. **Libellen** schießen pfeilschnell am Ufer hin und her, **Wasserläufer** schlittern wie Eiskunstläufer auf der Wasseroberfläche, an deren Unterseite die Larven und Puppen der **Stechmücken** mit ihren Atemschnorcheln hängen, und am Gewässergrund gehen **Köcherfliegenlarven** auf Nahrungssuche. Diese Insekten hast du schon in diesem Buch kennengelernt. Im Wasser leben aber noch viel mehr Insekten. Gegen Abend kannst du auf der Wasseroberfläche eines Naturteichs kleine schwarze Käfer entdecken, die in Kreisen und Spiralen darauf umhersausen. Das sind die 5 mm großen **Taumelkäfer.** Sie können dank geteilter Augen gleichzeitig unter und über Wasser sehen.

Taumelkäfer

Mach mit!

Mit einem Kescher oder einem Insektennetz kannst du ganz vorsichtig Wassertiere aus dem Wasser holen. Streife mit dem Kescher auch unter Wasser an Wasserpflanzen entlang und drehe die Schwimmblätter von See- und Teichrosen um. Sammle die Tierchen in einem Eimer mit Wasser, der am besten im Schatten steht. Dann setz die Tiere wieder wohlbehalten in das Gewässer zurück.

In Tümpeln und Teichen gehen verschiedene Schwimmkäfer tauchend auf die Jagd nach Kaulquappen und anderen kleinen Wassertieren: Der bekannteste ist der etwa 3,5 cm große **Gelbrandkäfer,** der ihm ähnliche Furchenschwimmer ist nur halb so groß. Zum Luftholen müssen beide Käfer auftauchen.

Gelbrandkäfer

Zahlreiche Wanzen haben sich auf das Leben im Wasser spezialisiert: Zwischen Wasserpflanzen lauert der 2 cm lange **Wasserskorpion** auf Beute, ebenso der etwas kleinere **Rückenschwimmer,** der stets in Rückenlage schwimmt. Beide können mit ihrem Rüssel schmerzhaft stechen. Auch die 4 cm lange **Stabwanze,** deren Körper an eine Stabheuschrecke erinnert, ist ein Lauerjäger in wasserpflanzenreichen Uferregionen von Seen.

Wichtig zu wissen!

Am Grund von Teichen und Seen leben die Larven der Libellen. Diese immer hungrigen Räuber besitzen eine raffinierte Fangmaske, mit der sie blitzschnell Kaulquappen, kleine Fische und andere Beute packen. Libellenlarven leben ein bis drei Jahre im Wasser. Dann kriechen sie an einem Schilfstängel aus dem Wasser und krallen sich am Halm fest: Die Larvenhaut platzt auf und die Libelle kriecht heraus. Die leeren Larvenhüllen kannst du an den Schilfhalmen entdecken – und für deine Tierspurensammlung mitnehmen.

Den Spinnen auf der Spur

Alle Spinnen sind Jäger, die Insekten und andere kleine Krabbeltiere erbeuten. Damit sie sich nicht gegenseitig in die Quere kommen, haben Spinnen viele verschiedene **Jagdstrategien** für den Beutefang entwickelt – und dabei auch viele verschiedene Lebensräume besetzt. Am auffallendsten sind die Spinnen, die wie die Kreuzspinne wunderschöne Radnetze spinnen. Es gibt aber noch viele andere Netztypen, in deren klebrigen Fangfäden Fliegen, Mücken, Käfer, Schmetterlinge, Bienen und Wespen hängen bleiben.

Mach mit!

Spinnennetze findest du am besten im Herbst, wenn am Morgen Tautropfen die Netze sichtbar werden lassen. Du kannst auch eine Sprühflasche benutzen, um die zarten Fäden besser zu sehen. Spinnen bauen ihre Netze in Hecken und Sträucher, auf Wiesen, an Wegrändern und am Boden.

- Radnetze: Kreuzspinnen, Wespenspinnen, Kreisspinnen, Streckerspinnen und Herbstspinnen
- Dreieckiges Netz: Dreiecksspinne
- Trichternetz am Boden: Trichterspinne
- Baldachinförmiges Netz: Baldachinspinne
- Haubennetz: Kugelspinnen
- Röhrennetz: Tapezierspinne

Radnetz einer Kreuzspinne

Schau genau!

Die Spinnwarzen netzbauender Spinnen sitzen auf der Unterseite des Hinterleibs. Wenn du beobachten willst, wie eine Spinne einen Faden spinnt, so halte nach einer Kreuzspinne Ausschau. Abends hast du am meisten Glück, denn dann ist für sie meist Netzbauzeit. Eine Kreuzspinne braucht etwa 45 Minuten, um ein neues Netz zu bauen.

Wolfspinnen, Springspinnen und Krabbenspinnen jagen ohne Netz. Sie lauern ihrer Beute am Boden, an Felsen und Wänden oder getarnt auf Blüten auf. Dabei überwältigen sie sogar Insekten und andere Krabbeltiere, die viel größer als sie selbst sind .

Krabbenspinne

Am Gewässerufer gehen **Listspinnen** auf die Jagd. Sie können auf der Wasseroberfläche laufen und Insekten erbeuten, die daraufgefallen sind.

Die einzige Unterwasserjägerin der Erde ist die **Wasserspinne**. Sie baut sich unter Wasser an Pflanzenstängeln mithilfe eines Netzes eine Art Taucherglocke, in die sie immer wieder von der Wasseroberfläche Luft transportiert. In ihrer Taucherglocke frisst sie erbeutete Wassertiere, häutet sich, paart sich und legt ihre Eier ab.

Erstaunlich!

Überall auf der ganzen Erde gibt es Spinnen, selbst auf den entlegensten Inseln. Sie gelangen dorthin als winzige Jungspinnen, die an einem selbst gesponnenen Faden hängend auf Weltreise gehen. Fliegend überqueren sie die Weltmeere. Spinnen wurden sogar schon an Flugzeugen in über 10 000 m Höhe entdeckt.

Listspinne

Wasserspinne

Bunte Käfervielfalt

Käfer sind die erfolgreichste und **artenreichste Tiergruppe** der Erde! Über 500 000 verschiedene Arten in einer enormen Formen- und Farbenfülle gibt es weltweit und davon über 8000 bei uns. Käfer konnten sich dank ihres stark gepanzerten Körpers, bei dem die zarten Flügel durch harte Flügeldecken geschützt sind, an fast jeden Lebensraum der Erde anpassen. Mit ihren kräftigen und vielfältigen Mundwerkzeugen haben sie sich jede nur erdenkliche Nahrungsquelle von lebenden bis toten, pflanzlichen bis tierischen Lebewesen erschlossen.

Mach mit!

Entdecke so viele verschiedene Käfer wie möglich. Suche dazu deinen Garten, den nächstgelegenen Park und Wald oder Wiesenflächen ab. Schaue auf dem Boden, auf Blumen, Sträuchern und Bäumen, im Falllaub und morschen Holz nach. Kannst du bestimmen, welche Arten du entdeckt hast?

Dein Käfer-ABC

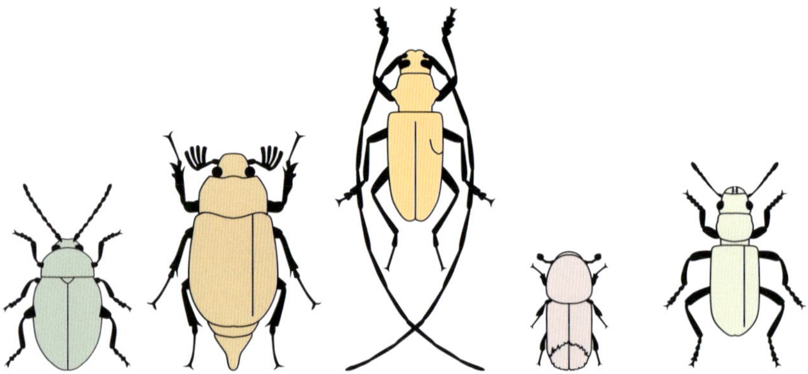

Blattkäfer: Käfer mit hochgewölbtem Körper und fadenförmigen Fühlern, bei uns etwa 600 Arten

Blatthornkäfer: robuste Käfer mit fächerförmigen Fühlerenden, bei uns etwa 200 Arten

Bockkäfer: oft prächtig gefärbte Käfer mit langen bis sehr langen Fühlern, bei uns etwa 200 Arten

Borkenkäfer: kleine Käfer, deren Larven sich in Holz oder unter Rinde entwickeln, bei uns etwa 120 Arten

Buntkäfer: auffällig bunte Käfer, bei uns etwa 30 Arten

Schau genau!

Suche im Wald nach losen Rindenstücken. Du findest sie zum Beispiel am Wegrand, wenn dort gefällte Baumstämme liegen. Schau dir die Innenseite der Rindenstücke an – vielleicht entdeckst du dort die dunklen Fraßgänge von Borkenkäferlarven. Anhand des Musters kannst du sogar herausfinden, welche Art dort geknabbert hat.

Erstaunlich!

Die Anzahl der Punkte auf dem Körper eines Marienkäfers zeigt nicht dessen Alter an. Vielmehr besitzt jede der rund 80 verschiedenen heimischen Marienkäferarten ein typisches Punktmuster. Da gibt es neben dem bekannten Siebenpunkt auch den Zweipunkt oder den 22-Punkt. Die Farben der Marienkäfer sind Rot-Schwarz oder Gelb-Schwarz.

Kurzflügler: schlanker Körper mit ganz kurzen Flügeldecken, bei uns rund 1400 Arten

Laufkäfer: räuberische Käfer, die am Boden auf Jagd gehen, bei uns etwa 500 Arten

Marienkäfer: halbkugelige Käfer, die meist Läuse fressen, bei uns etwa 80 Arten

Rüsselkäfer: Käfer mit sehr langen Rüsseln, mit denen sie vor allem an Pflanzen saugen, bei uns etwa 640 Arten

Schwimm- und Wasserkäfer: stromlinienförmiger Körper, Fußglieder mit langen Schwimmborsten, bei uns etwa 260 Arten

Mein Insektenhotel

In unserer Natur gibt es immer weniger Nistmöglichkeiten, Schlaf- und Winterquartiere für Insekten. Genau das bietet ein Insektenhotel, das du ganz leicht aus Loch- und Gitterziegeln, Blumentöpfen, Pflanzenstängeln, Holz und Lehm bauen kannst.

In den Löchern in Lehm und Halmen können Insektenlarven heranwachsen.

So baust du ein Wildbienenhotel

Gib feuchten Sand in einen hohen Tontopf (1) und streiche die Oberfläche glatt (2). Dann bohrst du mit einem Stöckchen Löcher vor (3) und steckst sauber abgeschnittene Schilf- oder Bambushalme hinein, die etwa 10 cm lang sind (4).

Dein Insektenhotel stellst du waagerecht an einem warmen, wind- und regengeschützten Platz im Garten auf. Ein kleines Dächlein dient als Regen- und Sonnenschutz.

Mach mit!

Dein Florfliegen-Winterhotel: Die Larven der Florfliegen sind eifrige Blattlausjäger. Den hübschen Florfliegen bietest du eine Unterkunft für den Winter an, wenn du ein Holzkästchen rostrot anmalst und dann mit Weizenstroh füllst. Dann hängst du im Spätsommer das Florfliegenhotel mit der Öffnung nach vorne in 1,5 bis 2 m Höhe in einem Obstbaum oder an einer Mauer auf.

Mein Schmetterlingsbeet: Auf diesem Beet wachsen ganz viele Pflanzen mit nektarreichen Blüten, an denen verschiedene Schmetterlinge saugen. Dazu gehören Sommerflieder, Wasserdost, Katzenminze, Sonnenhut, Oregano und Prachtscharte. In manchen Gärtnereien und Gartencentern werden auch komplette Pflanzenpakete für ein Schmetterlingsbeet angeboten – diese Pflanzen passen natürlich auch auf dein Beet. Weil Schmetterlinge nicht nur Süßes, sondern auch Salziges brauchen, biete ihnen auch einen Salzstein auf einem Tellerchen an. Den Regenschutz nicht vergessen!

Mach mit!

Dein Marienkäfer-Winterhotel: Marienkäfer überwintern als fertige Käfer an geschützten, frostfreien Stellen oder in deinem Winterhotel: Bohre dazu in einen Nistkasten mehrere Einschlupflöcher mit einem Durchmesser von etwa 8 mm. Dann füllst du das Innere des Kastens mit Holzwolle und stellst das Marienkäferhotel an einen sonnigen Platz im Freien. Das kann zum Beispiel direkt bei einer Pflanze sein, an der du viele Blattläuse entdeckt hast.

Insektenstaaten

Viele Insekten legen ihre Eier einfach dort ab, wo die Larven Nahrung finden. Dann überlassen sie die Eier sich selbst. Manche Insekten kümmern sich aber auch um den Nachwuchs. Ohrwurmweibchen zum Beispiel bewachen und säubern ihre Eier, die sie in Erdspalten ablegen, und verteidigen sie sogar gegen Räuber.

Mistkäfer und Totengräber, zwei heimische Käferarten, vergraben Kot oder tote Tiere (wie Mäuse) im Erdboden, auf die sie ihre Eier legen, und schaffen so ein Schlemmerparadies für die Larven. Totengräberweibchen warten sogar, bis die Larven schlüpfen, und füttern sie an den ersten Lebenstagen. Die höchstentwickelte Form von Fürsorge für die Brut haben **Wespen, Bienen, Hummeln, Hornissen und Ameisen** entwickelt. Sie leben in einem Insektenstaat, der bestens organisiert ist. Diese Staaten sind unterschiedlich groß, manche bestehen nur aus wenigen hundert Tieren, andere (wie die mancher Ameisen) aus mehreren Millionen. In allen Staaten leben eine oder mehrere Königinnen und viele Arbeiterinnen. Männchen gibt es nur zur Zeit des Hochzeitfluges, auf dem die jungen Königinnen befruchtet werden.

Erstaunlich!

Obwohl eine einzelne Ameise nicht besonders intelligent ist, leisten sie gemeinsam Erstaunliches: Es wurde schon beobachtet, dass Ameisen mit ihren Körpern lebende Brücken gebaut haben, um einen Bach zu überqueren. Ein Nest, das überschwemmt wurde, haben Ameisen auf raffinierte Weise trockengelegt: Die Arbeiterinnen haben das Wasser im Nest getrunken und es außerhalb des Nests dann wieder ausgespuckt.

Wie in einer Stadt teilen sich die Insekten in einem Insektenstaat die anstehenden Aufgaben. So legt die Königin nur Eier und wird dafür von Arbeiterinnen mit Nahrung versorgt. Andere Arbeiterinnen versorgen die Eier und Larven, andere suchen Nahrung und schaffen sie in die Vorratslager im Bau. Weitere Aufgaben sind es Abfälle und tote Artgenossinnen aus dem Bau zu schaffen und das Nest zu vergrößern und zu reparieren. Auch an den Eingängen wachen Arbeiterinnen – sie sorgen dafür, dass nur zum Staat gehörende Tiere in den Bau hineingelangen, und verjagen Fremde.

Wichtig zu wissen!

Nur die Arbeiterinnen bei Bienen, Hummeln, Hornissen und Wespen können stechen. Bei ihnen ist der Legeapparat, mit dem die Königin ihre Eier legt, zu einem Stachel mit Giftdrüsen umgebaut.

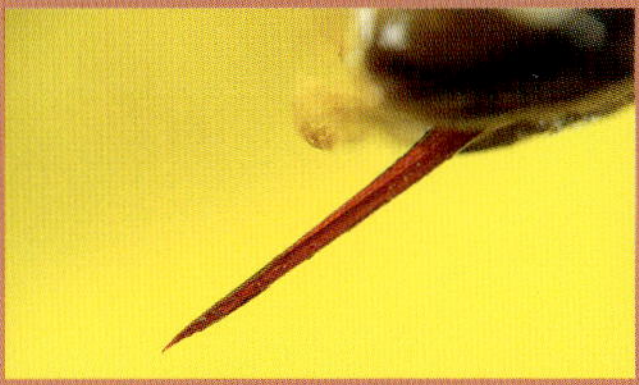

Erstaunlich!

Bei den Honigbienen übernimmt jede Biene im Lauf ihres Lebens verschiedene Tätigkeiten im Stock. Der Arbeitsplan einer Biene sieht so aus:

- Tag 1 bis 4: Zellen reinigen für neue Eier, viele Pausen
- Tag 5 bis 10: Bienenlarven füttern
- Tag 9 oder 10: erster kurzer Orientierungsflug in der näheren Umgebung des Bienenstocks
- Tag 11 bis 18: Wachs ausschwitzen und Bienenwaben bauen, Nektar in Vorratszellen füllen, Stock putzen, tote Artgenossinnen aus dem Stock schaffen
- Tag 19 bis 20: den Eingang bewachen
- Tag 21 bis 35: draußen Nektar und Pollen sammeln, bei schlechtem Wetter im Stock arbeiten, nach etwa 35 Tagen ist ein Bienenleben zu Ende.

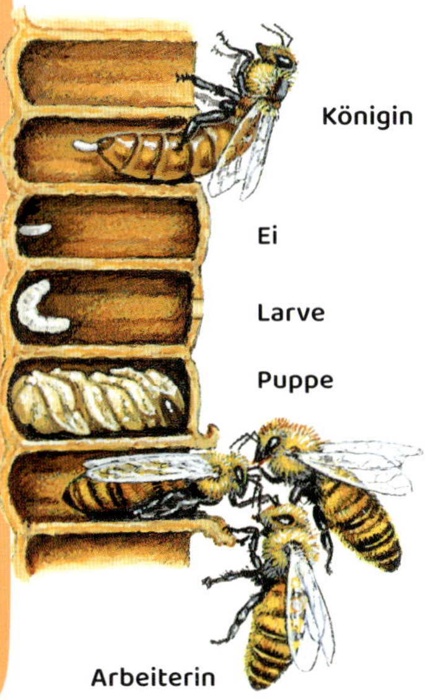

Rekorde im Insektenreich

Insekten sind älter als Dinosaurier und die erfolgreichste Tiergruppe auf der Erde: Mindestens vier von fünf Tierarten sind Insekten, die auch noch alle Lebensräume von Wüste bis Regenwald und von der Antarktis bis in die Hochgebirge erobert haben. Selbst mitten auf dem Ozean sind Meerwasserläufer zu Hause. Kein Wunder, dass Insekten jede Menge Rekorde halten.

Erstaunlich!

Mit einer Körperlänge von 7,5 cm ist der Hirschkäfer der größte und schwerste heimische Käfer. Das Männchen besitzt große Oberkiefer, die wie ein Hirschgeweih aussehen. Mit ihnen kann es zwar mit anderen Männchen kämpfen, aber nicht mehr Nahrung zerkleinern. Es hat eine kleine pinselförmige Zunge zum Auflecken süßer Baumsäfte.

Hier ein paar Rekorde aus dem Insektenreich:

Vor rund 300 Millionen Jahren, am Ende der Karbonzeit, lebte bei uns die Meganeura-Libelle. Ihre Flügel hatten eine Spannweite von 70 cm – das ist so viel wie die Flügelspannweite einer Straßentaube. Heute gibt es keine so großen Insekten mehr. **Die größte heimische Libelle ist die Große Königslibelle** mit einer Flügelspannweite von 10 cm, die auch noch einen weiteren Rekord hält: Sie besitzt rund 40 000 Einzelaugen – so viele wie kein anderes heimisches Tier.

Große Königslibelle

Kein Insekt auf der ganzen Erde kann so viel tragen wie der heimische Nashornkäfer. Er ist der Weltmeister im Gewichtheben. Ohne Probleme schleppt dieser Käfer das bis zu 850-Fache seines Körpergewichts. Wären Menschen so stark wie er, könnte ein Gewichtheber zwölf Afrikanische Elefanten hochheben.

Nashornkäfer

Riesenbockkäfer

Bei den Käfern gibt es gleich zwei Meister, die sich den Titel größter Käfer der Erde teilen. Das ist zum einen der 17 cm lange Herkuleskäfer mit einer Flügelspannweite von 22 cm, zum anderen der 22 cm lange Riesenbockkäfer, beide stammen aus den Regenwäldern Mittel- und Südamerikas.

Auch die Larven dieser Riesenkäfer haben gigantische Ausmaße: Die Herkuleskäferlarve wiegt bei einer Länge von 20 cm so viel wie eine Tafel Schokolade, die Larve des Riesenbockkäfers misst sogar 25 cm.

Das längste Insekt der Erde ist die Riesenstabheuschrecke, die mit 57 cm so lang wie ein Regenschirmstock ist. Sie lebt auf der tropischen Insel Borneo und sieht aus wie ein Bambuszweig.

Riesenstabheuschrecke

Das kleinste Insekt der Erde ist nur so groß wie ein Bleistiftpunkt: Die Zwergwespe Dicopomorpha lebt in Costa Rica. Erwachsene Wespen fressen nichts mehr, deren Larven ernähren sich von den Eiern und Larven der Staubläuse.

Erstaunlich!

Weitsprungmeister ist der Floh. Aus dem Stand hüpft er 50 cm weit. Wenn du so weit springen wolltest wie ein Floh, müsstest du mit einem Satz drei Fußballfelder der Länge nach überspringen und dabei auch noch eine Höhe von 190 m erreichen – das ist so hoch wie ein Gebäude mit 50 Stockwerken.

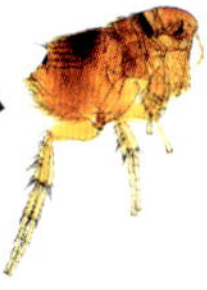

Schnelle Suche mit Stichwörtern

NABU
Macht Spaß. Macht Sinn.
Die Natur schützen mit dem NABU. Mach mit!
www.NABU.de/aktiv
© NABU/E. Neuling

Rote Mauerbiene
55

Honigbiene
56

Blauschwarze Holzbiene
57

Wegameise
58

Rote Waldameise
59

Schnake
60

Stechmücke
61

Hain-Schwebfliege
62

Mistbiene
63

Essigfliege
64

Wollschweber
65

Goldfliege
66

Stubenfliege
67

Hirschlausfliege
68

Heuschrecken, Ohrwürmer und Silberfischchen

Silberfischchen
69

Grashüpfer
70

Grünes Heupferd
71

Feldgrille
72